융합하면 미래가 보인다

KI신서 5417

융합하면 미래가 보인다

1판 1쇄 발행 2014년 1월 27일
1판 2쇄 발행 2014년 4월 11일

지은이 이인식
펴낸이 김영곤 **펴낸곳** (주)북이십일 21세기북스
부사장 임병주
미디어콘텐츠기획실장 윤군석
책임편집 정지은 **디자인** 박선향
마케팅1본부장 안형태 **1본부** 최혜령 김홍선 강서영 이영인
영업본부장 이희영 **영업** 이경희 정경원 정병철
출판등록 2000년 5월 6일 제10-1965호
주소 (우 413-120) 경기도 파주시 회동길 201(문발동)
대표전화 031-955-2100 **팩스** 031-955-2151
이메일 book21@book21.co.kr **홈페이지** www.book21.com
21세기북스 트위터 @21cbook **블로그** b.book21.com

ISBN 978-89-509-5359-1 03130
책값은 뒤표지에 있습니다.

CONVER
GENCE

이인식(지식융합연구소장) 지음

세상을 움직이는 과학의 모든 것

융합하면
미래가 보인다

마음

세상살이

융합

뇌

청색기술

창조경제

미래

21세기북스

차례

책을 내면서   007

PART 1 │ 마음

천재성의 수수께끼_ **누구든 천재처럼 될 수 있다**   013
공포관리이론_ **죽을 수밖에 없는 존재임을 기억하라**   021
리더십의 심리학_ **기적을 일으키는 지도자의 능력**   029
스토리텔링_ **소설은 삶을 연습하는 운동장이다**   037

PART 2 │ 세상살이

점령하라 세대의 항변_ **가난은 왜 대물림되는가**   047
행동의 사회적 감염_ **연결하면 행복해진다**   055
이타주의의 기원_ **그들의 착한 행동에는 이유가 있다**   063
국민행복시대_ **한국인은 풀이 죽어 있다**   072

PART 3 │ 융합

창조적 융합_ **깊이 탐구하고 널리 소통한다**   083
신체화된 인지_ **몸으로 생각한다**   092
따뜻한 기술_ **사람 눈높이의 사회적 기술**   100
짝짓기의 심리학_ **짝짓기 지능이 세상을 구한다**   109
지적 사기 논쟁_ **과학과 인문학의 어설픈 융합은 오류를 낳는다** 118

PART 4 | 뇌

도덕적 딜레마_ **도덕적 시비 가리는 건 이성일까 정서일까**   129

유권자의 정치 성향_ **선거에 이기려면 정서를 자극하라**   138

신경신학 논쟁_ **신은 뇌 안에 있는가**   146

뇌-기계 인터페이스_ **생각만 하라, 움직일 것이다**   154

뇌 연구 프로젝트_ **뇌의 수수께끼에 도전한다**   162

PART 5 | 청색기술

청색기술_ **자연은 위대한 스승이다**   173

떼지능_ **뭉치면 영리해진다**   182

사하라 녹화 계획_ **사막풍뎅이가 물 문제를 해결한다**   191

생물모방 옷감_ **솔방울 옷을 입고 테니스를 한다**   200

PART 6 | 창조경제

창조경제의 의미_ **영재 기업인이 희망이다**   211

창조경제의 4대 키워드_ **우리는 이미 창조경제 시대를 살고 있다**   220

대통령 프로젝트 성공 사례_ **미국 대통령과 과학 기술**   228

PART 7 | 미래

메가트렌드_ **2030년 세상을 바꿀 4대 기술**   239

전쟁무인화_ **살인 로봇이 몰려온다**   247

자기증식 기계_ **기계가 자식을 낳는다**   255

마음 업로딩_ **디지털 영생을 꿈꾼다**   263

포스트휴먼_ **미래인류는 누구인가**   271

찾아보기 – 인명   279

찾아보기 – 문헌   284

찾아보기 – 용어   287

지은이의 주요 저술 활동   292

이 책은 한국 사회에 불고 있는 융합 바람에 응답하기 위해 집필된
칼럼집이다.

2008년 10월 『지식의 대융합』을 펴낸 이후 지난 5년간 전문가·
기업인·행정관료·일반시민·학생을 대상으로 인문학과 과학의 융
합에 관해 200회에 걸쳐 대중강연을 하는 과정에서 융합에 대한 관
심이 상상 외로 뜨겁다는 사실을 확인할 수 있었다.

이러한 지식융합의 사회적 요구에 부응하기 위해 2012년 7월부터
〈중앙SUNDAY〉의 전면에 〈이인식의 '과학은 살아있다'〉는 제목으
로 이 책에 실린 칼럼 28편을 연재하게 된 것이다.

이 책은 30편의 융합 칼럼이 일곱 부분으로 구성되어 있다.

1부에서는 마음의 본질을 천재성, 죽음, 리더십, 스토리텔링의 측
면에서 고찰한다.

2부는 가난 대물림, 행동 감염, 이타주의, 국민행복 등 사회적 쟁점의 의미를 분석한다.

한국사회의 화두가 되고 있는 융합의 이모저모는 3부에 소개되어 있다. 창조적 융합의 개념과 함께 신체화된 인지, 따뜻한 기술, 짝짓기 심리학과 같은 융합의 대표적 사례를 살펴보고 융합의 부작용에 관한 지적 사기 논쟁도 언급한다.

4부는 뇌와 관련된 글이다. 도덕적 딜레마, 정치 성향, 신경신학 논쟁, 뇌-기계 인터페이스와 같이 뇌 연구의 진전에 따라 주목을 받게 된 융합 주제를 논의하고, 뇌의 수수께끼에 도전하는 프로젝트를 소개한다.

5부에서는 21세기의 상징적인 융합 분야인 청색기술의 개념과 함께 흥미로운 활용 분야, 예컨대 떼지능, 사하라 녹화 계획, 생물모방 옷감을 살펴본다.

6부는 말도 많고 탈도 많은 창조경제의 의미와 쟁점을 따져보고 대통령 프로젝트의 성공 사례도 검토한다.

끝으로 7부는 인류와 과학 기술의 미래를 융합적 시각에서 전망한다. 과학기술의 메가트렌드는 전쟁 무인화와 자기증식 기계의 측면에서, 인류의 미래는 마음 업로딩과 포스트휴먼의 관점에서 논의한다.

개인적으로는 45번째 펴내는 책인 이 칼럼집은 여러분의 도움과 격려로 세상에 태어났다.

먼저 신문 전면에 격주로 28회 연재의 기회를 제공해준 〈중앙 SUNDAY〉 여러분에게 감사의 말씀을 드린다. 특히 이 연재를 하는 동안 1999년 10월 〈동아일보〉에 기명칼럼을 처음 발표한 이후 13년 10개월 만에 〈조선일보〉, 〈한겨레〉 등 신문에 게재된 고정칼럼이 500개를 웃도는 행운을 누리게 되었음을 밝혀두고 싶다.

좋은 책을 만들어준 정지은 팀장의 노고도 오랫동안 잊지 못할 것 같다.

끝으로 나의 글쓰기를 무한한 신뢰와 사랑으로 성원해준 아내 안젤라, 큰아들 원과 며느리 재희 그리고 선재, 둘째 아들 진에게도 고마움의 뜻을 전한다.

2014년 1월 7일
서울 역삼아이파크에서
이인식 李仁植

PART

마음

CONVERGENCE

천재성의 수수께끼
누구든 천재처럼 될 수 있다

2005년 8월 서울에서 아인슈타인의 뇌가 학업성적표, 연애편지, 1905년에 발표된 특수상대성이론 논문과 함께 전시되었다. 1955년 사망 직후 그의 뇌는 240개 조각으로 잘려 보관되었는데, 그중 하나가 서울에 온 것이다. 아인슈타인의 뇌는 크기와 무게가 보통 사람의 것과 비슷했다. 또한 1999년 영국 의학주간지 〈랜싯The Lancet〉의 6월 19일자에 실린 논문에 따르면 천재라고 해서 아인슈타인의 뇌에서 신경학적으로 특이한 사항이 발견되지는 않은 것으로 밝혀졌다.

천재에 대한 과학적 연구는 19세기 후반에야 시작되었다. 심리학자들은 두 가지 방법으로 천재를 정의한다. 첫 번째는 천재를 '창조적인 상상력으로 자신이 속한 시대를 앞지르는 족적을 남긴 독보적인 존재'라고 정의한다. 이에 따르면 천재란 아인슈타인이나 모차르

IQ	과학자	철학자	작가	화가	작곡가
190		라이프니츠	괴테		
180	파스칼	존 스튜어트 밀	볼테르		
170	피에르-사이먼 라플라스	조지 버클리	새뮤얼 쿨리지		
160	뉴턴	데카르트	찰스 디킨스	미켈란젤로	
150	케플러	스피노자	몽테뉴	다 빈치	모차르트
140	다윈	에마뉴엘 스웨덴보리	몰리에르	피터 폴 루벤스	베토벤
130	코페르니쿠스	장 자크 루소	로버트 번즈	렘브란트	로시니

천재의 지능지수

출처: 캐서린 콕스(1926)

트처럼 과학과 예술 등 특정 분야에 철저히 몰두하고 독특한 관점으로 문제에 접근해 놀라운 업적을 남긴 사람들이다.

두 번째는 20세기 전반에 출현한 지능지수$_{IQ}$ 검사에서 140 이상을 획득한 사람들을 천재로 분류하는 방식이다. 그런데 인류 역사를 빛낸 업적을 남긴 천재의 상당수는 IQ 검사가 생기기 전에 살았던 인물이다. 1926년 미국의 심리학자인 캐서린 콕스(1890~1984)는 이런 천재 301명의 지능지수를 추정한 결과를 발표했다. 물론 신빙성이 높은 자료라고 할 수 없겠지만 다 빈치, 모차르트, 다윈, 베토벤의 지능지수가 괴테, 라이프니츠, 파스칼에 훨씬 미치지 못하는 것으로 나타나서 흥미롭다. 코페르니쿠스, 루소, 렘브란트처럼 위대한 업적을 남긴 인물들이 천재의 기준인 140보다 낮은 지능지수를 가졌던 것으로 추정된 결과도 눈여겨볼 만하다.

한편 2006년 6월 미국의 심리학자인 앤더스 에릭슨이 펴낸『전문

지식과 전문가 수행에 관한 케임브리지 편람Cambridge Handbook of Expertise and Expert Performance』은 천재들이 반드시 남보다 뛰어난 머리를 갖고 태어나는 것은 아니라고 주장했다. 천재에 대한 연구 논문을 최초로 집대성한 이 918쪽짜리 책에 따르면 예술과 과학 분야에서 크게 성공한 인물들의 지능지수가 보통 사람들보다 약간 높은 115~130인 것으로 나타났다. 이러한 지능지수는 전체 인구의 14%에 해당한다. 지능지수로만 보면 100명 중 14명은 천재가 될 조건을 갖추었다는 뜻이다. 반드시 지능지수가 월등히 높아야만 천재적인 업적을 내는 것은 아니라는 사실이 밝혀진 셈이다. 예컨대 1956년 트랜지스터를 발견한 공로로 노벨 물리학상을 받은 윌리엄 쇼클리는 지능지수가 140 미만이었다. 1965년 노벨 물리학상을 받았으며 기발한 아이디어를 쏟아낸 천재로 알려진 리처드 파인만 역시 지능지수는 122에 불과했다.

천재는 한마디로 창조성이 뛰어난 사람들이다. 인류의 문명과 문화를 발전시킨 천재들의 창조적인 능력에 대해 유전자와 관계가 있다고 믿는 선천론자들과 그 반대로 환경의 영향을 받는다는 입장을 취하는 경험론자들 사이에 이른바 '본성 대 양육nature vs. nurture' 논쟁이 진행되었다. 이 논쟁을 촉발시킨 장본인은 천재에 대해 과학적 연구를 최초로 시도한 영국의 프랜시스 골턴(1822~1911)이다. 1869년 펴낸 최초의 천재 연구 저서인 『유전하는 천재Hereditary Genius』에서 골턴은 천재가 탁월한 인물을 배출한 혈통에서 태어나는 것이라고 주장했다. 아주 어렸을 적부터 신동 소리를 들은 음악가들을 보면 천재성은 타고난다는 주장에 동의하지 않을 수 없다. 음악의 천재로 맨 먼저 손꼽히는 모차르트는 네 살 적부터 연주를 시작해 여섯 살 때 미뉴에트를 작곡하고, 아홉 살에 교향곡, 열한 살에 오라토리오, 열두 살에 오페라를 썼다. 어디 그뿐이랴. 하이든은 여섯 살에, 멘델스존과 슈베르트는 아홉 살에, 베토벤은 열두 살에 첫 작품을 만들었다.

그러나 천재 연구자들은 20세기 후반까지 본성 대 양육 논쟁에서 양육 쪽의 손을 들어주었다. 골턴이 창시한 우생학eugenics이 독일 나치 정권에 의한 유대인 대량 학살의 이데올로기로 악용되었기 때문이었다. 이에 충격을 받은 과학자들은 대부분 환경결정론을 지지하기 시작했다. 결과적으로 본성 대 양육 논쟁에서 양육 쪽이 일방적인 승리를 거둠에 따라 천재의 창조성은 후천적 학습의 결과라는 주장이 득세했다. 대표적인 사례가 미국의 교육심리학자인 벤저민 블룸(1913~1999)의 '10년 규칙10-year rule'이다. 1985년 블룸은 뛰어난 업적을 남긴 과학자, 예술가, 운동선수 등 120명을 연구하고 한 분야에서 세계 최고가 되기 위해서는 적어도 10년간 전력투구해야 한다는 결론에 도달했다. 가령 올림픽 수영선수는 평균 15년, 세계 최정상의 피아니스트도 15년 동안 엄청난 연습을 한 것으로 나타났다. 세계 정상의 자리에 올라선 과학자, 수학자, 조각가 역시 예외 없이 최소한 10년 넘게 연구에 몰두하고 기량을 갈고닦은 것으로 밝혀졌다. 10년 규칙은 완벽한 천재로 손꼽히는 모차르트에게도 적용될 수 있다. 모차르트는 한 곡을 쓰면서 동시에 다른 곡을 생각해낼 수 있었

모차르트 가족의 유럽 여행. 아버지, 누나와 함께
(루이 카로지, 1763년).

으며 악보에 옮기기 전에 이미 곡 전체를 만들었다고 전해진다. 그러나 모차르트가 단숨에 작곡했다는 소문과 달리 그의 초고에는 고친 흔적이 적지 않았으며 심지어 도중에 포기한 작품도 있었다. 게다가 그의 작품 멜로디의 80% 정도가 당대의 다른 작곡가들 작품에 사용되었던 것으로 밝혀졌다. 또한 초기 작품의 수준이 나중 작품보다 뛰어나지 못했던 것으로 평가되고 있다. 요컨대 모차르트는 신동의 명성을 유지하기 위해 남다른 노력을 했다는 것이다. 물론 이러한 사례들 때문에 모차르트의 천재성이 훼손될 수는 없다. 단지 인류 역사상 천재 중 천재로 여겨지는 모차르트조차 다른 사람들보다 더 치열하게 노력했다는 사실을 강조하고 싶을 따름이다.

어려서는 보통 사람들보다 뛰어나지 않았지만 나중에 천재성을 발휘한 인물도 한둘이 아니다. 2001년 1월 프랑스의 과학저술가인 로베르 클라르크가 펴낸 『천재들의 뇌Super Cerveaux』에 따르면 아인슈타인은 말이 너무 늦어 가족들이 지진아가 아닌지 걱정할 정도였고, 다윈이나 톨스토이도 학교 성적이 시원찮았으며, 피카소는 글자도 제대로 익히지 못한 열등생이었다. 차이코프스키는 17세에 음악에 흥미를 느끼게 되어 25세에 첫 작품을 작곡했고, 반 고흐는 27세에 처음 그림을 배웠으며, 고갱은 39세에야 화가 생활을 시작했다. 늘그막에 대표작을 내놓은 대가들도 적지 않다. 하이든은 66세에 '천지창조'를 작곡했고, 소포클레스는 75세에 『오이디푸스 왕』을 썼으며, 괴테는 81세에 『파우스트』를 탈고했다.

앤더스 에릭슨 역시 "천재는 태어나는 것이 아니라 만들어진다"

고 주장했다. 『케임브리지 편람』에서 에릭슨은 천재가 1%의 영감, 70%의 땀, 29%의 좋은 환경과 가르침으로 만들어진다고 분석했다. 또한 천재들은 보통 사람보다 다섯 배 정도 더 많은 시간과 노력을 쏟아부어 위대한 업적을 남긴 것으로 조사된 바 있다. 인류 역사상 가장 뛰어난 천재로 여겨지는 모차르트조차 다른 사람들보다 더 노력했다는 사실은 35년의 짧은 생애에 무려 600여 편을 작곡했다는 것으로 확인된다. 천재들은 모차르트처럼 정력적인 일벌레여서 많은 작품을 생산했다. 프로이트는 45년간 330건, 아인슈타인은 50년간 248건의 논문을 남겼다. 볼테르는 2만 1000통의 편지를 썼고 에디슨은 1093건의 특허권을 획득했다.

에릭슨은 "천재가 되려면 좋은 환경이 절대적으로 필요하다"고 주장한다. 그는 모차르트의 재능을 일찌감치 발견한 아버지의 열정적인 뒷바라지가 없었더라면 그의 음악적 재능이 꽃필 수 있었겠느냐고 묻는다.

물론 천재의 창조적 능력이 후천적인 환경에 의해 좌우되는 것만은 아니다. 2012년 창조성 연구로 유명한 미국의 심리학자인 딘 키스 사이먼튼은 격월간 〈사이언티픽 아메리칸 마인드〉 11·12월호에 기고한 글에서 천재적 창조성 가운데 최소한 20%는 타고난다고 주장했다. 특히 사람의 성격에 차이를 부여하는 요소의 하나인 '지적 개방성', 곧 새로운 생각에 개방적인 특성이 뛰어날수록 창조적인 업적을 많이 낼 수 있다고 강조했다. 요컨대 천재의 창조성은 유전적 자질과 환경적 요인이 잘 결합할 때 발현한다는 뜻이다. 천재는 피와 땀의 합작품인 것이다.

천재의 수수께끼에 도전한 인지과학자들은 아인슈타인의 경우처럼 천재의 뇌 속에서 평범한 사람의 머리 안에 없는 특별한 조직이 발견되지 않았을뿐더러 천재나 보통 사람 모두 문제를 해결할 때 동일한 과정을 밟는다는 것을 밝혀냈다. 다시 말해 천재와 보통 사람 사이의 지적 능력 차이는 질보다 양에서 나타난다는 뜻이다. 천재들은 일반인이 갖지 못한 그 무엇을 갖고 있다기보다는 우리 모두에게 있는 것을 약간 더 많이 갖고 있을 따름인 셈이다. 요컨대 천재들은 보통 사람들에게도 있는 일반적 능력을 훨씬 더 효과적으로 사용하기 때문에 완전히 다른 두뇌의 소유자로 보인다는 것이다. 이런 맥락에서 천재들의 사고방식을 본뜰 수만 있다면 개인차는 있겠지만 누구나 창조적 사고를 할 수 있다는 결론에 도달한다.

천재들 역시 훌륭한 스승의 사고방식을 배워서 재능을 발휘한 사례가 적지 않다. 1922년, 1938년에 각각 노벨 물리학상을 받은 닐스 보어와 엔리코 페르미 모두 함께 연구한 제자들 중 여러 명이 노벨상의 영광을 함께 했다. 보어는 4명, 페르미는 6명의 문하생이 스승 덕분에 노벨상을 탔다.

우리 주변에서 미래의 모차르트와 아인슈타인이 좋은 스승과 환경을 만나지 못해 평범한 사람으로 사라지게 된다면 얼마나 안타까운 일이겠는가.

(2013년 7월 21일)

공포관리이론
죽을 수밖에 없는 존재임을 기억하라

"죽음은 육체로부터 영혼의 해방이다"(플라톤), "죽음은 삶과 평등하다"(장자), "죽음은 삶의 완성이다"(니체), "인간은 죽음을 향해 나아가는 존재이다"(하이데거), "인간은 자신이 죽어가고 있다는 것을 아는 유일한 동물이다"(볼테르).

사람은 누구나 반드시 한 번 죽는다. 단지 우리가 언제 어떻게 죽을지를 모르고 있을 따름이다. 그러나 대부분의 사람들은 죽음을 인정하지 않거나 죽음의 공포에 맞서면서 삶을 영위하고 있다.

인류학자들은 죽음에 대한 거부와 공포가 인류 문명과 문화의 시원始原이라고 분석한다. 인류는 죽음을 극복하기 위해 문명을 일으켰다는 것이다. 가령 생존에 필수적인 식량을 얻기 위해 농업을 발명하고, 옷과 집을 만들기 위해 산업을 발전시키고, 질병을 치료하기 위해 의술과 약품을 개발했다. 물질문명의 발달은 한마디로 생명 연장 방법을 궁리하는 과학과 기술에서 비롯되었다고 볼 수 있다.

하지만 문명의 비약적인 발전에도 불구하고 인류가 죽음의 공포로부터 완전히 벗어날 수는 없다. 문명과 더불어 문화가 발달된 것도 그 때문이다. 요컨대 문화의 목적은 비록 육체가 소멸하더라도 정신만은 영속할 것이라는 믿음을 사람들에게 심어주어 죽음에 대한 두려움을 떨쳐버리게 하는 데 있다는 것이다. 대표적인 사례가 종교의 융성이다.

또한 문화는 우리가 사멸할 수밖에 없는 존재인 동물의 일종임을 망각하게끔 하는 여러 관습을 만들어냈다. 이를테면 아무 데서나 배설하는 동물과 달리 남의 눈에 띄지 않는 장소에서 대소변을 보는 화장실 문화가 생겼다. 들짐승처럼 몸에서 악취가 풍기지 않도록 옷을 걸치게 되었다. 발정만 하면 다짜고짜 짝짓기 하는 동물과 달리 은밀한 시간과 공간에서 섹스를 하는 것도 인간이 동물처럼 죽음을 피할 수 없다는 사실을 은폐하기 위해 비롯되었다는 견해가 설득력을 얻고 있다.

문화가 죽음의 부인에서 출발했다는 견해를 이론으로 정립한 인물은 미국의 문화인류학자인 어니스트 베커(1924~1974)이다. 1973년 그는 『죽음의 부인The Denial of Death』을 펴냈다. 베커가 49세에 암으로 요절한 직후 1974년 퓰리처상을 안겨준 이 명저는 미국의 사회심리학자 세 명에게 지대한 영향을 미쳤다. 1986년 미국 애리조나대학교의 제프 그린버그, 콜로라도대학교의 톰 피스츠진스키, 스키드머

칼리지의 샐던 솔로몬 등 3명은 베커의 학설을 지지하는 '공포관리이론TMT: Terror Management Theory'을 창안했다. TMT는 우리의 행동과 믿음의 대부분이 죽음에 대한 공포에 의해 유발된다고 전제하고, 우리가 공유한 문화가 이러한 공포로부터 우리를 방어해준다고 주장한다. TMT는 인간이 죽음의 문제에 대처하는 심리 상태를 분석하는 이론이다. 이를테면 인간이 결국 죽게 된다는 사실을 알고 있기 때문에 피할 수 없는 공포에 직면했을 때 표출되는 정서적 반응을 이론적으로 설명한다.

지난 20여 년 동안 진행된 400여 개의 공포관리이론 연구는 대부분 '죽음 현저성mortality salience 가설'에 초점을 맞추고 있다. 죽음 현저성이란 사람들이 죽음에 대해 생각하면 훨씬 극단적인 판단을 내리게 되는 현상을 의미한다. 예컨대 죽음 현저성은 집단에 대한 귀속감을 조장하여 민족주의나 인종차별을 강화하거나 전쟁 · 테러 · 폭력 · 순교 같은 과격한 행위를 지지하도록 만든다. 요컨대 죽음 현저성 가설에 따르면 사람이 죽음을 부인하게 되면 온갖 부정적 행동을 일삼게 마련이다.

1997년 공포관리이론 창안자 3명은 〈인성과 사회심리학 저널Journal of Personality and Social Psychology〉 1월호에 발표한 논문에서 죽음 현저성에 의해 야기된 부정적 효과를 감소시키려면 자신의 삶을 소중하게 여기고 스스로 높은 가치를 부여하는 마음가짐, 곧 '자부심self-esteem'을 고양시킬 수밖에 없다고 주장했다. 자부심이 증대되면 그만큼 죽음 현저성 효과를 감소시킬 수 있다는 것은 자부심이 강한 개인일수록 죽음과 맞서 싸우는 과정에서 부정적 행동을 덜하게 된다는 뜻이다.

어쨌거나 TMT 연구 초창기에는 대부분 죽음의 부인이 초래하는 부정적 측면에 초점을 맞추었다. 가령 동물적 본성을 드러내는 행동은 우리에게 죽음이 숙명임을 떠올리게 하므로 그런 행동을 혐오하게 된다는 연구 결과가 발표되었다. 2007년 미국의 심리학자인 캐시 콕스는 〈인성과 사회심리학 회보Personality and Social Psychology Bulletin〉 1월호에 실린 논문에서 죽음에 관한 글을 쓴 실험 대상자가 그렇지 않은 사람보다 젊은 여인이 음식점에서 젖가슴을 드러내놓고 아기에게 모유를 먹이는 장면을 보고 훨씬 더 강하게 불쾌감을 나타냈다고 보고했다. 이는 인간이 죽음을 피할 수 없는 동물이라는 사실을 상기시키는 행동으로부터 멀어지려는 심리 상태를 나타내는 반응으로 풀이된다. 이런 현상은 노인과 신체 장애인에 대한 반응에서도 확인되었다. 죽음을 연상한 실험 대상자가 그렇지 않은 사람보다 섹스의 육체적 쾌락에 대해 관심을 덜 갖는다는 연구 결과도 발표되었다.

한편 죽음을 인정하지 않으려는 과정에서 긍정적 효과도 나타난다는 연구 결과가 잇따라 발표되고 있다. 2007년 미국 켄터키대학교의 심리학자인 너선 드월은 〈심리과학Psychological Science〉 11월호에 공포관리이론을 검증한 실험 결과를 발표했다. 드월은 대학생 432명을 둘로 나누어 각각 다른 내용을 주문했다. 학생 절반에게는 죽음에 관해 숙고하고 죽어갈 때 발생할 것으로 예상되는 일들을 짧은 글로 작성하도록 요청했다. 나머지 절반에게는 불쾌하지만 결코 위협적이지 않은 치통을 생각하며 느낌을 글로 쓰도록 부탁했다. 실험의 목적은 대학생들이 서로 다른 상황에서 나타내는 정서 반응을 비교하는 것이었다. 정서 반응은 의식적인 상태와 무의식 상태 각각에 대해 측정했다. 의식적인 상태에서는 대학생 모두 같은 정서 반응을 나타냈지만 무의식 상태에서는 죽음에 관련된 학생 집단이 뜻밖에도 행복감 같은 긍정적인 반응을 나타낸 것으로 밝혀졌다. 자신의 죽음에 대해 숙고하면서 사람들이 슬퍼하기는커녕 행복을 느낀다는 뜻밖의 결과가 나온 것이다. 이 실험 결과는 사람들이 늙어가면서 죽을 때가 가까워 옴에도 불구하고 긍정적인 생각을 하는 이유를 설명해준다고 볼 수 있다.

드월은 이런 정서 반응이 나타나는 현상을 일종의 '심리적 면역 반응psychological immune response'이라고 설명했다. 면역은 사람 몸 안에 병원균이 침입할 때 이를 물리치는 저항력이다. 일부 사회심리학자들은 사람 몸뿐만 아니라 마음에도 면역 기능이 있다고 주장했다. 드월은 우리가 자신의 죽음에 대해 생각할 때 뇌가 무의식적으로 행복한 느낌을 촉발시켜 자동적으로 의식적인 공포의 느낌에 대처하는 것은 심리적인 면역반응에 해당된다고 분석했다.

2012년 미국 미주리대학교의 심리학자인 케네스 베일은 월간 〈인성과 사회심리학 평론Personality and Social Psychology Review〉 온라인판 4월 5일자에 실린 〈죽음이 삶에 유익할 때When Death is Good for Life〉라는 논문에서 대다수 TMT 연구 결과와 달리 죽음을 생각한다고 해서 반드시 공포를 느끼거나 부정적 행동을 하는 것은 아니라고 주장했다. 베일은 죽음에 대해 숙고하면 오히려 공격적인 행동을 삼가게 되고, 운동을

꽃은 생명, 해골은 죽음, 모래시계는 시간을 상징한다.
그림은 필리프 드 샹파뉴(1602~1674)의 작품.

열심히 하는 등 건강을 더 돌보게 되며, 남을 돕고 싶은 마음이 생길 뿐만 아니라 흡연율과 이혼율도 감소하는 것으로 나타났다고 보고했다.

공포관리이론 연구는 초기에는 죽음에 대한 공포가 이기적이고 부정적인 행동을 유발하는 측면을 부각시킨 반면에 최근에는 이타적이고 긍정적인 행동을 촉진하는 사례를 소개하고 있다. 죽음에 대한 생각이 우리의 행동에 때로는 해로운 영향을, 때로는 이로운 영향을 미치는 것으로 밝혀진 셈이다. 요컨대 우리가 죽음에 대한 공포의 양면성에 어떻게 대처하는가에 따라 우리의 삶이 행복해질 수도 있고 불행해질 수도 있다는 결론에 도달하게 된다.

2012년 미국 컬럼비아 칼리지의 심리학자인 마이클 위더맨은 격월간 〈사이언티픽 아메리칸 마인드〉 7·8월호에 기고한 에세이에서 사람이 갑자기 죽음에 직면하면 삶의 의미를 되새기게 되고, 그런 사람일수록 죽음의 공포를 좀 더 쉽게 이겨낼 수 있다고 썼다. 그는 미국에서 수천 명이 죽거나 다친 지진이 발생한 뒤 실시한 조사 결과를 그 근거로 제시했다. 지진 발생 지역의 병원 직원들에게 몇 가지 인생 목표의 중요성을 평가하도록 요청한 결과 지진으로 생명의 위협을 생생하게 느낀 사람일수록 돈이나 감투 따위의 세속적 성공보다 가정의 화목이나 이타적인 사회활동 같은 정신적 가치를 훨씬 더 소중히 여기게 되는 것으로 나타났다.

우리는 날마다 죽음에 노출된 채 살아간다. 가까운 사람들을 영원히 떠나보내는 장례식장에서부터 수많은 사람이 잔인하게 살해당하는 텔레비전 화면까지 온갖 죽음에 익숙해 있다. 심지어는 영화에서 사람이 죽어나가는 장면을 보면서 공포를 느끼기는커녕 박수를 치거나 소리 내어 웃기도 한다. 하지만 인간은 자신의 죽음에 생각이 미치면 금방 두려움으로 전전긍긍하는 무기력한 존재일 따름이다.

위더맨은 "우리가 끝내 죽음을 맞게 될 것이라는 생각을 결코 떨쳐낼 수는 없다. 그러나 그러한 생각을 하면서 공포를 느낄 수도 있고 삶에 감사할 수도 있다. 다행히도 그 선택은 우리 손에 달려 있다"고 강조했다.

메멘토 모리memento mori. 2001년 국문학자인 김열규 교수가 펴낸 책의 이름으로 사용되어 널리 알려진 이 말은 14~15세기 중세 유럽의 탁발 수도회가 소중하게 여긴 설교 주제로 '늘 네가 죽을 수밖에 없는 존재임을 기억하라'는 뜻을 지닌 라틴어이다.

메멘토 모리. 죽음을 기억하라.

(2013년 9월 22일)

리더십의 심리학
기적을 일으키는 지도자의 능력

2012년 11월 19일 버락 오바마 미국 대통령은 재선 후 첫 해외 순방에서 미얀마를 방문해 군부 독재에 맞서 싸워온 야당 지도자 아웅산 수치 여사와 환담하며 뺨에 입을 맞추었다. 오바마와 수치 모두 카리스마가 넘치는 정치인이어서 두 사람이 연출하는 장면은 잔잔한 감동을 불러일으켰다.

카리스마는 그리스어로 기적을 일으키는 권능, 예언을 하는 재능 또는 남에게 영향을 미치는 능력 등 다양한 뜻을 지니고 있다. 카리스마를 성공적인 리더십의 핵심 요소로 꼽은 인물은 독일의 사회학자인 막스 베버(1864~1920)이다. 그가 학술 용어로 처음 사용한 카리스마는 추종자들이 지도자가 갖고 있다고 믿는 경이로운 속성이나, 사람을 강하게 끌어당기는 인간적인 특성을 의미한다. 베버는 전통

2012년 미얀마를 방문한 버락 오바마 미국 대통령이
야당 지도자 아웅산 수치 여사의 뺨에 입을 맞추며
인사를 나누고 있다.

적 권위를 부정하는 '카리스마적charismatic 리더십'이 아니고서는 산업
사회의 제반 문제를 해결할 수 없다고 주장했다.

　미국의 심리학자인 로널드 리기오는 30년이 넘는 연구 끝에 카리
스마적인 리더십은 여섯 가지 자질, 곧 정서적 표현, 열의, 능변, 예
견 능력, 자신감, 타인에의 대응 능력으로 형성된다고 주장했다. 이
처럼 카리스마가 여러 자질로 구성된다면 개개의 자질을 계발해 카
리스마를 얼마든지 만들어낼 수 있을 것이다. 가령 스티브 잡스가
미래를 투시하는 예견 능력이 뛰어난 사람으로 대중에게 비쳐진 것
도 그가 10분간의 신제품 발표를 위해 10시간 가까이 연습을 한 덕

분이라고 알려져 있다. 타인에게 좀 더 잘 대응하는 방법도 학습할 수 있다. 연설하는 솜씨 역시 훈련을 통해 끌어올릴 수 있다.

정서적 표현 능력도 얼마든지 향상이 가능하다. 미국의 심리학자인 딘 키스 사이먼튼은 1987년 펴낸 『대통령은 왜 성공하는가Why Presidents Succeed』에서 성공적인 미국 대통령은 대부분 청중과의 정서적 유대감을 이끌어내는 낱말들, 이를테면 사랑, 우정, 희망 같은 어휘를 즐겨 구사했다고 주장했다. 이를테면 "나는 여러분의 견해를 지지합니다" 같은 표현보다는 "나는 여러분의 고통을 느낍니다"라고 말하면 카리스마가 있는 지도자처럼 받아들이게 된다는 것이다.

1988년 사이먼튼은 〈인성과 사회심리학 저널〉에 실린 논문에서 가장 카리스마가 뛰어난 미국 대통령으로 프랭클린 루스벨트(1882~1945)를 꼽았다. 대통령에 네 번이나 당선되어 12년간 백악관을 차지한 루스벨트는 대공황과 제2차 세계대전 동안에 특유의 리더십을 발휘했다. 소아마비 장애를 극복하며 몸에 밴 불굴의 투지와 용기를 보여주면서 미국 시민의 고통을 어루만져 주었기 때문에 많은 국민이 그를 신뢰하고 존경한 것으로 분석된다. 말하자면 루스벨트는 카리스마가 지도자 개인의 특질이라기보다는 그를 따르는 사람들에 의해 만들어지는 것임을 보여준 셈이다.

이런 맥락에서 영국의 사회심리학자인 스티븐 레이허와 알렉산더 해슬람은 2010년 11월 펴낸 『리더십의 새로운 심리학The New Psychology of Leadership』에서 강력한 리더십은 지도자와 추종자 사이의 공생적 관계에서 비롯된다고 주장했다. 그들은 집단심리학, 특히 사회적 정체성

social identity 개념을 이론적 근거로 삼았다. 1979년 영국의 사회심리학자인 존 터너가 제안한 사회적 정체성 이론은 개인들이 가령 "우리 모두는 한국인이다" 또는 "우리 모두 천주교 신자이다"라고 말할 때처럼 특정 집단의 정체성을 공유한다고 느낄 때 서로를 신뢰하며 힘을 합치고 집단의 지도자를 기꺼이 따른다고 설명했다.

집단 안에서 정체성을 함께 확인한 사람들은 두 가지 사회적 특성을 나타낸다. 첫째, 그들은 집단 속에서 부화뇌동하지 않으며 개인적 소신보다 집단의 공통 이해를 위해 결정을 내린다. 둘째, 개인들은 그들이 속한 집단의 규범을 준수한다. 예컨대 일터에서는 종업원으로, 성당에서는 신자로, 야구장에서는 응원단으로서 그 집단의 규범과 가치체계에 맞게 반응을 나타낸다. 말하자면 사회적 정체성은 집단 구성원들에게 무엇이 중요한지에 관한 합의를 도출하여 공유된 목표를 달성하도록 협력하게 하는 역할을 한다.

레이허와 해슬람은 사회적 정체성을 공유한 집단에서 그 정체성을 가장 잘 구현할 수 있는 인물이 가장 효과적인 지도자가 될 수 있다고 설명했다. 또한 가장 뛰어난 리더십은 추종자의 가치체계와 의견을 가장 잘 이해하여 집단의 목표를 설정하고 구성원의 자발적인 참여를 이끌어내서 그 목표를 달성하는 능력이라고 주장했다. 이를테면 그 집단을 다른 집단과 차별화시켜 경쟁력을 갖게 하는 사람은 누구나 훌륭한 지도자가 될 수 있다는 것이다. 본보기로 2004년 미국 대통령 선거 당시 조지 W. 부시 후보를 꼽았다. 부시는 유세 중에 실언을 자주 했으나 그의 어눌한 말솜씨를 조롱한 상대방 진영이 오히려 많은 유권자들로부터 공격을 받게 된 이유는 평범한 사람들이 대부분 부시에게 동병상련을 느꼈기 때문으로 분석된다.

부시 대통령의 사례는 리더십에 필요한 핵심 요소가 그 집단의 특성에 달려 있음을 보여주었다. 다시 말해 효과적인 리더십을 위해 지도자가 반드시 갖추어야 할 덕목이 따로 없다는 게 레이허와 해슬람의 새로운 리더십 이론이다. 그러나 대통령이건 최고경영자이건 진정한 지도자는 단순히 집단의 정체성을 수용하는 데 머물지 않고 집단의 발전에 필수 불가결한 정체성을 새롭게 만들어낼 수 있어야 함은 물론이다. 지도자가 구성원들과 정체성을 놓고 끊임없이 소통할 때 비로소 창의적인 리더십이 형성되어 세상을 바꿀 수 있는 것이다.

2012년 레이허와 해슬람은 격월간 〈사이언티픽 아메리칸 마인드〉 7·8월호에 기고한 글에서 정치인이건 최고경영자이건 심지어 야구 감독이건 카리스마를 갖고 싶다면 영어 철자 'R'로 시작되는 세 가지 능력을 갈고닦을 것을 주문했다.

첫째는 '반영reflecting'이다. 이는 집단의 전통과 문화에 관해 배우려는 마음가짐이다. 집단이 공유하는 가치의 토대가 되는 각종 선언문이나 학교에서 누구나 암송하는 명시처럼 집단의 정체성이 녹아 있는 문학작품을 공부할 필요가 있다. 카리스마로 명성을 드높인 지도자일수록 시적 표현이나 언어의 기교에 남다른 관심을 표명한 것으로 나타났다. 또한 수많은 위대한 지도자들은 대중 앞에 나서서 연설하기 전에 그들의 말을 경청하기 위해 오랜 시간을 보낸 것으로 밝혀졌다. 다시 말해 추종자로부터 배울 것이 아무것도 없다고 생각

하는 사람들이 지도자로 성공한 사례는 거의 찾아볼 수 없었다는 뜻
이다. 요컨대 지도자가 자신의 업적이 오로지 자신의 노력만으로 성
취된 것이라고 자만하며 남의 의견에 귀를 기울이지 않는 순간 곧바
로 실패의 길로 들어서게 된다는 것이다.

둘째는 '표현representing'이다. 이는 지도자가 추종자들에게 자신이
집단의 구성원임과 동시에 지지자임을 분명히 나타낼 줄 아는 능력
이다. 지도자는 반드시 자신의 정체성을 능숙하게 표현할 줄 알아야
할 뿐만 아니라 그 표현이 일관성을 유지하고 진정성이 느껴지게끔
주위를 기울여야 한다. 옷차림, 목소리, 어휘의 선택에도 신경을 써
야 함은 물론이다. 하지만 무엇보다 집단 구성원이 지도자의 표현에
공감하도록 하는 것이 중요하다. 로널드 레이건(1911~2004)의 경우
미사여구를 동원하지 않았지만 미국 유권자로부터 많은 지지를 받
아 대통령에 당선된 것도 공감을 끌어내는 표현 능력이 탁월했기 때
문인 것으로 여겨진다. 집단의 정체성을 표현하는 능력이 뛰어난 지
도자는 대중에게 그들이 필요로 하는 것을 구체적으로 제시하지 않
고도 대중 스스로 그들이 바라는 결론에 도달하도록 이끌 수 있다.
이보다 더 바람직한 리더십은 없을 것이다. 이런 의미에서 진정한 카
리스마는 지도자의 꾸밈없고 자연스러운 표현에서 나오는지 모른다.

셋째는 '실현realizing'이다. 이는 원칙적으로 가치가 있다고 여겨지
는 것을 현실화하는 능력이다. 지도자의 성공은 집단의 관심사, 예
컨대 경제 성장, 양극화 해소 또는 사회 통합 같은 쟁점을 해결하는
능력에 달려 있다. 카리스마가 뛰어난 지도자는 대중이 공감하는 기

준을 설정해서 그들로부터 많은 지지를 끌어내 이러한 쟁점을 원만하게 해결할 것이다. 또한 국민의 사랑을 받는 대통령은 의회나 언론과도 좋은 관계를 맺는다. 요컨대 카리스마가 뛰어난 지도자는 집단이 바라는 것을 성공적으로 실현시키는 능력을 갖고 있다.

레이허와 해슬람은 '반영, 표현, 실현'이 효율적인 리더십의 핵심 요소라고 강조하고 이 세 가지 능력을 구비하면 카리스마를 끌어올릴 수 있다고 주장한다.

카리스마가 선천적 재능이라기보다는 후천적 노력의 산물이라는 연구 결과가 설득력을 얻게 됨에 따라 최고경영자를 대상으로 카리스마를 만들어내는 방법을 가르치는 교육 과정도 운영되고 있다. 미국 매사추세츠공과대학교MIT에서는 기업체 임원이 대부분인 수강생에게 배지를 착용시킨 뒤 카리스마의 토대가 된다고 여겨지는 사회적 신호들을 기록한다. 이 배지에는 목소리, 미소, 고개 끄덕임 따위의 몸짓 등이 기록된다. 이런 사회적 신호를 분석하여 어느 수강생이 회사에서 동료 임원들에게 사업 계획을 가장 설득력 있게 설명할 수 있는지 판단한다.

카리스마가 타고난 자질이 아니라 개인적 노력에 의해 형성될 수 있음을 가장 극적으로 보여준 인물은 다름 아닌 프랭클린 루스벨트 대통령이다. 레이허와 해슬람은 루스벨트의 카리스마에 대해 다음과 같이 의견을 덧붙였다.

"그는 불리한 신체적 조건을 오히려 장점으로 바꿔놓으면서 카리스마를 만들어냈다. 그렇게 함으로써 그는 대공황 동안 고통 받는 수백만 명의 평범한 미국인들과 스스럼없이 가까워졌다. 그는 '우리의of us' 대통령일 뿐만 아니라 '우리를 위한for us' 대통령으로 느껴지도록 하려고 노력했다. 이것이 바로 카리스마의 핵심에 자리 잡고 있는 마음가짐이다."

(2012년 12월 2일)

스토리텔링
소설은 삶을 연습하는 운동장이다

2013년 초등 1·2학년과 중등 1학년 수학 교과서에 난해한 개념을 이야기로 풀어서 설명하는 스토리텔링storytelling 기법이 적용됨에 따라 학부모들이 달라진 수학 교육 방식에 대해 촉각을 곤두세우고 있는 것으로 알려졌다.

　고대 신화에서 현대 소설까지 인류는 이야기를 끊임없이 만들어내고 또 즐기고 있다. 이러한 성향이 인간의 본성처럼 진화된 이유에 대해 미국 하버드대학교의 진화심리학자인 스티븐 핑커는 설득력 있는 설명을 내놓았다. 2007년 〈철학과 문학Philosophy and Literature〉 4월호에 실린 논문에서 핑커는 "이야기가 집단에서 정보 획득과 대인 관계에 필요한 도구였기 때문에 인류의 진화 과정에서 이야기를 주고받는 성향이 존속하게 되었다"고 주장했다. 인류의 조상은 집단을 이루고 살면서 사회적 관계가 갈수록 복잡해짐에 따라 다른 구성원들이 누구이며 무엇을 하고 있는지 알기 어려워졌다. 따라서 구성원에 관한 정보를 확산시키는 효과적인 방법의 하나로 이야기를 만들어 주고받게 되었다는 것이 핑커의 설명이다.

핑커의 주장대로 오늘날에도 보통 사람들의 대화는 대부분 사람에 대한 이야기로 채워진다. 1997년 영국 리버풀대학교의 진화심리학자인 로빈 던바는 '남녀노소를 불문하고 공공장소에서 대화하는 시간의 65%는 사람에 관련된 이야깃거리에 할애되는 것으로 나타났다'는 논문을 발표하기도 했다. 핑커나 던바의 주장처럼 이야기는 집단 내에서 사회적 결속을 촉진하고 집단의 지식을 다음 세대로 전승하는 유용한 수단이었기 때문에 인간 문화에서 사라지지 않고 있다.

문학평론가 김현(1942~1990)은 그가 엮은 『문학이란 무엇인가』(1976)에서 "문학은 인간 정신이 자유롭게 자신을 표현할 수 있는 폭넓은 공간"이라고 전제하고 "문학 작품이 독자들에게 정서적 반응을 불러일으킨다면 그것은 어떠한 형태로 그에게 작용하게 될까?"라고 묻는다. 이런 문제에 정통한 심리학자들은 이야기가 사람의 마음에 미치는 영향을 분석한 연구 보고서를 잇따라 발표하고 있다.

대표적인 성과는 1999년 6월 캐나다 토론토대학교의 인지심리학자인 키스 오틀리가 〈일반심리학 개관Review of General Psychology〉에 발표한 논문이다. 오틀리는 '소설이란 사람 마음의 소프트웨어에서 동작하는 모의실험simulation'이라는 독특한 이론을 제시했다. 이야기는 사회생활을 위한 '비행 시뮬레이션 장치'라고 비유했다. 비행기 조종사들이 비행 모의실험을 통해 비행기술을 습득하는 것처럼 사람들은 소설을 읽으면서 사회적 기술을 학습할 수 있다는 뜻이다. 오틀리의 사회적 시뮬레이션 이론은 소설을 많이 읽는 책벌레들이 소설을 현실로부터 도피하기 위한 수단으로 활용한다는 사회적 통념과 정면으로 배치될 수밖에 없다. 시뮬레이션 이론에는 책만 붙들고 있는 고립된 행동이 결과적으로는 사람과 더불어 사는 기술을 터득하는 기회가 될 수 있다는 뜻이 함축되어 있기 때문이다.

오틀리의 제자인 레이먼드 마는 스승의 이론이 현실 세계에서 적용 가능한지 확인하는 실험을 했다. 소설을 읽는 습관과 사회적 기술의 상관관계를 분석하는 실험을 한 결과 시뮬레이션 이론이 타당한 것으로 나타났다. 2006년 발표된 이 논문은 소설을 읽는 행동과 사회적 기술 사이에 강력한 관계가 있음을 처음으로 입증한 연구 성과로 평가된다.

사회적 기술이 뛰어난 사람일수록 잘 개발된 마음이론theory of mind을 갖고 있게 마련이다. 때때로 독심술mind reading이라 불리는 마음이론은 타인의 입장이 되어 그 사람이 자신과 다른 생각이나 의지를 갖고 있다는 사실을 이해하는 능력을 의미한다. 마음이론은 네 살 무렵부터 갖게 되어 평생 동안 지속적으로 향상되는 능력이다. 2006년 레이먼드 마의 논문은 소설을 많이 읽을수록 마음이론이 뛰어날 수 있음을 보여주었다.

2009년 오틀리는 소설을 읽는 행위가 성격에 미치는 영향을 분석했다. 심리학에서는 사람의 성격이 다섯 가지 측면으로 구분된다고 본다. 성격에 차이를 부여하는 5대 특성은 지적 개방성openness to experience, 성실성conscientiousness, 외향성extroversion, 친화성agreeableness, 정서 안정성neuroticism이다. 영어 첫 글자를 따서 'OCEAN'이라 불린다. 다시 말해 성격은 다음의 다섯 가지 기준 사이에서 다양하게 분포되어 있다.

- 새로운 생각에 개방적인가 무관심한가
- 원칙을 준수하는가 제멋대로인가
- 사교적인가 내성적인가
- 우호적인가 적대적인가
- 신경이 과민한가 안정적인가

오틀리는 실험 참가자 166명에게 러시아 작가인 안톤 체호프(1860~1904)가 1899년 발표한 단편소설 〈개를 데리고 있는 여인The Lady with the Dog〉을 읽게 했다. 이 소설은 작은 개와 함께 해변을 거니는 유부녀가 우연히 만난 러시아 은행가와 벌이는 간통 이야기이다. 실험 참가자들이 이 소설을 읽기 전과 읽은 후의 5대 특성을 비교한 결과, 성격에 큰 변화가 일어나는 것으로 확인되었다. 이를테면 체호프의 이야기가 독자들로 하여금 새로운 방식으로 생각하고 느끼게 함으로써 성격에 변화를 일으킨 것이다. 또한 오틀리는 5대 특성과 함께 사회적 연결 및 고립의 정도를 측정한 결과 소설을 많이 읽는 사람일수록 마음이론, 곧 남의 마음을 헤아리는 능력이 뛰어나다는 사실을 재확인했다. 물론 소설을 엄청나게 탐독하는 사람도 결코 고립된 성격의 외톨이가 아닌 것으로 밝혀졌다. 특히 이야기 구조(내러티브)가 뛰어난 소설은 독자를 사로잡아 작품의 주인공과 정서적으로 일체감을 느끼게 만들었다. 이러한 상태는 심리학에서 '이야기 도취narrative transport'라고 불린다. 말하자면 이야기 도취는 소설 주인공과 독자 사이에 감정이입empathy이 발생할 때 나타나는 심리적 현상이다.

이런 맥락에서 2011년 격월간 〈사이언티픽 아메리칸 마인드〉 11·12월호에 기고한 글에서 오틀리는 "이야기는 특히 청소년의 대인 관계 기술 형성에 유용하므로 소설을 많이 읽힐 필요가 있다"고 결론을 내렸다. 소설은 삶을 연습하는 훌륭한 운동장인 셈이므로 혹시 자녀가 책만 붙들고 있더라도 전혀 걱정할 일은 아니라는 뜻이다.

한편 이야기가 사람의 뇌에 미치는 영향을 분석한 논문도 발표되고 있다. 미국 워싱턴대학교의 심리학자인 제프리 잭스는 소설을 읽을 때 사람의 뇌에서 어떤 반응이 나타나는지 파악하기 위해 기능성 자기공명영상fMRI 장치로 뇌를 들여다보았다. 2009년 〈심리과학〉에 실린 논문에서 일상생활의 상황에서 활성화된 뇌 영역이 소설 주인공이 그런 상황에 처할 때도 똑같이 반응한다고 보고했다. 다시 말해 사람의 뇌는 사실과 허구의 차이를 분간하지 못한다는 것이다.

미국 클레어몬트대학교의 신경과학자인 폴 자크는 소설 주인공의 상황을 자신의 것처럼 받아들이는 감정이입이 일어나는 까닭은 옥시토신oxytocin이 분비되기 때문이라고 설명했다. 뇌에서 합성되는 옥시토신은 성생활이나 대인 관계에서 중요한 역할을 하는 호르몬이다. 감정을 자극하는 이야기일수록 옥시토신이 많이 분비되어 소설 주인공의 이야기를 마치 자신의 것인양 받아들인다는 것이다.

미국 버지니아공과대학교의 신경과학자인 리드 몬태규는 사람이 이야기를 들을 때 뇌의 보상체계에서 일어나는 반응을 연구했다. 포유류의 뇌에는 음식, 섹스, 자식 양육처럼 생존을 위해 필수적인 행동을 정상적으로 해나갈 수 있도록 쾌락을 보상으로 제공하는 신경세포 집단이 있다. 보상체계는 중독에도 관련된다. 어떤 이야기에 중독되는 것도 보상체계가 활성화되기 때문이다. 중독성이 강한 이야기를 들으면 소량의 코카인을 복용할 때와 다를 바 없는 효과가 나타나는 것으로 밝혀졌다.

미국 프린스턴대학교의 유리 해슨은 같은 영화를 보는 사람들의 뇌에서 같은 반응이 나타나는 것을 확인했다. 2010년 〈미국립과학원회보PNAS〉 8월 10일자에 실린 논문에서 이야기를 듣는 사람의 뇌 활동이 이야기를 하는 사람의 뇌 활동과 같아졌다고 보고했다. 이 연구 결과는 내러티브(이야기 구조)가 집단 구성원을 하나로 묶어 동일한 정체성을 갖도록 하는 사회적 접착제 역할을 하기 때문에 인류의 생존에 보탬이 되었다는 진화심리학의 이론을 뒷받침하는 과학적 근거의 하나로 받아들여진다.

이야기가 사람의 뇌에 영향을 미치는 메커니즘이 밝혀짐에 따라 이를 영화 제작, 집단의 도덕성 제고, 테러 방지 등에 활용하자

소설의 힘으로 테러도 예방할 수 있을까.
마음이론에 따르면 테러범이 좋은 소설을 많이 읽었을 경우
2013년 4월의 미국 보스턴마라톤 폭탄 테러와 같은
처참한 일은 예방할 수 있다.

는 아이디어가 나오고 있다. 2011년 영국 주간 〈뉴 사이언티스트New Scientist〉 2월 12일자에 따르면 유리 해슨은 관객의 뇌가 내러티브에 반응하는 메커니즘을 영화 제작에 활용하려는 움직임을 신경영화예술neurocinematics이라 명명하고 미래의 영화감독은 관객의 뇌 반응에 따라 이야기를 구성해야 한다고 강조했다. 내러티브가 종교 단체나 군대 같은 집단을 동일한 정체성으로 묶는 힘이 있기 때문에 가령 육군사관학교에서 올바른 이야기를 강의 내용에 많이 포함시키면 도덕적 용기를 기꺼이 발휘하는 장교를 길러내는 데 보탬이 될 수 있

다는 견해도 있다. 내러티브와 관련된 뇌 연구 결과를 활용해 사람들이 남을 해치고 싶은 욕구를 느끼도록 자극하는 이야기에 심취하지 않게끔 하는 방안을 찾아낼 수만 있다면 "자살 폭탄 테러 같은 범죄도 사전에 방지할 수 있다"고 주장하는 심리학자도 있다.

『천일야화』의 주인공인 셰에라자드는 1000일 하고도 하루 동안이나 밤을 새워 이야기를 풀어내서 결국 목숨을 연명하는 데 성공하고 왕은 마음이 누그러져서 사람 죽이는 일을 멈춘다. 이처럼 사람의 목숨도 구할 정도로 괴력을 지닌 이야기의 힘을 빌려 어린 학생들이 어려운 수학 공부를 재미있게 하고 있다면 스토리텔링 기법을 다른 과목에도 활용해보면 어떨는지.

(2013년 4월 28일)

PART

2

세상살이

CONVERGENCE

점령하라 세대의 항변
가난은 왜 대물림되는가

2008년 미국에서 촉발된 금융위기로 직장을 잃거나 사업에 실패한 사람들이 미국 금융계의 중심지인 뉴욕의 월스트리트에서 시위를 벌일 만도 했다. 2011년 9월 17일 시위대는 '월스트리트를 점령하라(Occupy Wall Street)'는 운동을 전개해 세계적인 반향을 이끌어냈다. 시위대가 외친 구호는 "우리는 99%이다(We are the 99%)"였다. 1%의 슈퍼 부자가 경제력을 독점하는 양극화 현상을 이만큼 설득력 있게 표현하기도 어려울 것이다.

미국의 경제잡지 〈포브스〉에 따르면 10억 달러 이상 재산을 가진 부호는 전 세계적으로 1226명이다. 그러나 상위 소득 1%에 들기 위해 그렇게 많은 돈이 필요하진 않은 것으로 나타났다. 미국의 경우 2010년 현재 연간 소득이 세금 공제 전에 35만 달러이면 상위 1%

금융위기 등으로 양극화가 심화되면서 세계 곳곳에서
'1%(슈퍼 부자) vs. 99%(서민층) 논쟁'이 벌어지고 있다.
사진은 2011년 미국에서 발생한 '월가 점령' 시위의 모습.

에 충분히 포함될 수 있기 때문이다. 이들의 3분의 1은 기업체 임원,
14%는 금융 부문 종사자, 16%는 의사이다. 또한 이들 1%의 슈퍼
부자가 미국 경제력의 40%를 지배하는 것으로 밝혀졌다.

미국 사회처럼 극소수에게 부가 몰리는 소득 불균형으로 빈부 격
차가 심화될수록 범죄가 급증함은 물론 경제적 소외계층의 건강에
도 적신호가 켜지는 것으로 나타났다. 건강의 사회적 요인을 분석하
는 연구로 유명한 '화이트홀 스터디Whitehall study'의 결과가 이를 뒷받
침한다. 영국에서 20~64세의 남녀 공무원에 대해 건강상태, 특히

심폐질환과 사망률을 조사하는 이 연구는 2단계로 진행된다. 1967년부터 10년 동안 남자 1만 8000명을 대상으로 1단계 연구가 진행되었으며 1985년 시작된 2단계 연구는 남녀 1만여 명에 대해 공무원 직급과 사망 원인의 상관관계를 분석 중이다.

이 연구를 주도하는 영국 칼리지런던대학교UCL의 유행병학자인 마이클 마모트에 따르면 최하위 직급의 공무원은 최상위 관료보다 심장병에 걸릴 가능성이 훨씬 컸으며, 직급이 낮아질수록 스트레스를 많이 받아 결국 건강이 나빠지는 것으로 드러났다. 또한 마모트는 사회경제적 지위SES: socio-economic status가 낮은 하위 직급 공무원은 소득 불균형에 따른 상대적 박탈감에 시달리고 있다고 주장했다.

영국의 유행병학자인 노팅엄대학교의 리처드 윌킨슨과 요크대학교의 케이트 피케트 역시 2009년 3월 함께 펴낸 『정신의 수준The Spirit Level』에서 마모트와 유사한 주장을 펼쳤다. 이 책에서 두 사람은 빈곤 그 자체보다 빈부 격차가 질병, 사망률, 10대 미혼모, 폭력 따위의 사회적 문제에 더 많은 영향을 미친다고 역설했다. 이들은 경제적 양극화가 가장 극심한 미국과 영국에서 여느 선진국보다 기대수명이 낮고 10대 미혼모가 많은 것을 그 증거로 제시했다.

또한 소득 불균형에서 비롯되는 스트레스는 가난이 대물림되는 원인이 될 수도 있다는 연구 결과가 발표되었다. 사회학자들은 가난한 집안에서 태어난 아이들이 끝내 가난하게 살아가는 원인을 다각도로 분석했다. 가령 카를 마르크스는 『자본론Das Kapital』(1867)에서 가난은 개인적인 문제가 아니라고 주장했다. 그는 노동자가 자신의 보수를 능가하는 가치를 생산하고서도 이 잉여가치를 자본가에게 착취당하고 있다고 본 것이다. 1959년 미국의 인류학자인 오스카 루이스(1914~1970)는 '빈곤의 문화culture of poverty'라는 이론을 제시했다. 루이스는 가난이 대물림되는 까닭은 사회적 요인보다는 개인이 속한 집단의 문화 때문이라고 설명했다. 그러나 사회학자들의 어느 이론도 가난의 대물림 현상에 대해 완벽한 설명을 하지 못했다. 이런 상황에서 획기적 돌파구를 마련한 것으로 평가되는 이론이 인지신경과학 분야에서 발표되었다. 인지신경과학은 지각·언어·기억·학습과 같은 인지 기능이 뇌의 신경회로에서 발생하는 메커니즘을 탐구하는 융합학문이다.

미국 펜실베이니아대학교의 마사 파라는 어린 시절 가난이 인지능력의 발달을 저해하여 성인이 된 뒤 사회경제적 지위에 부정적 영향을 미친다는 이론을 내놓았다. 2006년 〈뇌 연구Brain Research〉 9월 19일자에 실린 논문에서 파라는 궁핍한 가정에서 자란 아이의 작업기억working memory이 중산층 자녀보다 용량이 적은 것으로 나타났다고 발표했다. 작업기억은 가령 바둑을 둘 때 포석을 하는 방법을 아는 것처럼 당면한 과제와 관련된 정보를 기억하는 능력이다. 작업기억은 언어의 이해, 읽기, 문제 해결에 대한 결정적인 능력이다. 파라에 따르면 가난한 어린이는 열악한 환경에서 뇌가 제대로 발육하지 못해어른이 되어서도 중산층 가정 출신과의 경쟁에서 패배해 결국 사회경제적으로 하위계층에 머물 수밖에 없다는 것이다.

파라의 획기적인 연구 결과는 미국 코넬대학교의 게리 에번스와 미셸 샘버그에 의해 이론적 타당성이 확인되었다. 두 사람은 가난한 어린이들의 뇌 기능 발육에 영향을 미치는 요인을 밝혀내기 위해 백인 남녀가 엇비슷하게 섞인 195명을 대상으로 연구를 했다. 실험 대상자들이 평생 동안 받는 스트레스의 양을 측정하기 위해 혈압·비만·호르몬 등의 수치를 조합한 지수의 값을 산출했다. 이 지수의 값이 높은 사람은 스트레스가 많은 생활을 한 것으로 평가된다. 연구 결과 궁핍한 어린 시절을 보낸 사람들이 중산층 가정 출신보다 이 지수가 더 높게 나타났다. 작업기억의 용량 역시 차이가 났다. 중산층 출신의 작업기억은 평균 9.4건을 보유하지만 빈곤층 출신은 8.5건에 머물렀다. 두 가지 연구 결과에서 가난한 사람은 어린 시절 스트레스를 많이 받아 작업기억이 손상당한 것이라는 결론이 도출되었다. 2009년 〈미국립과학원 회보〉 온라인판 3월 30일자에 발표한 논문에서 가난이 대물림되는 까닭은 어린 시절 받은 스트레스 때문이라고 주장했다.

사회경제적 지위가 낮은 서민들은 스트레스에 시달리며 건강이 악화되고, 그런 가난한 부모를 둔 탓에 평생 동안 밑바닥 삶을 꾸려나가지 않으면 안 되는 사람들이 적지 않다면 사회문제가 아닐 수 없다.

물론 가난 구제는 나라도 못 한다는 말이 있긴 하다. 집안 살림이 궁핍한 것은 가족의 무능 탓이므로 제3자가 나서 해결될 일이 아니라는 뜻이 담겨 있다. 경제적으로 최하층에 속한 사람들이 일으키는 각종 사회문제를 순전히 당사자 개인의 책임으로 치부하는 것도 같은 맥락이다. 하지만 복지국가 건설을 꿈꾸는 서구의 진보 좌파 정치인들은 사회 밑바닥 계층의 빈곤과 반사회적 성향에 대해 사회구조에도 일정 부분 책임이 있다고 강조한다. 이런 주장이 정치적 정당성과는 별개로 생물학적으로 타당한 측면이 없지 않다는 연구 결과가 잇따라 발표되고 있다.

가혹한 환경에 살면서 병에 걸리기 쉽고 젊어서 죽을 운명인 동물은 자구책으로 일찍 새끼를 낳아 얼른 성장시킨다. 고달픈 삶을 꾸려 가는 사람들 역시 10대에 자식을 낳는 성향이 강한 것으로 밝혀졌다. 미국 미시간대학교의 보비 로는 세계 각국의 여성이 아이를 갖는 시기와 기대수명의 관계를 분석했다. 2008년 계간 〈비교문화연구Cross-Cultural Research〉 8월호에 실린 논문에서 기대수명이 짧은 여성일수록 어린 나이에 첫아이를 임신한다고 보고했다. 영국 뉴캐슬대학교의 대니얼 네틀은 선진국에서도 이런 현상이 나타나는지 조사했다. 영국의 8000가구를 분석한 결과 가장 궁핍한 사람들의 기대수명은 50년에 불과해 부유한 사람보다 20년 가까이 적었다. 2010년 격월간 〈행동생태학Behavioral Ecology〉 3~4월호에 〈젊어서 죽고 빨리 산다Dying young and Living fast〉는 제목의 논문을 발표하고 가난한 여자는 어린 나이에 첫아기를 임신하며 단기간에 여러 자식을 낳는 것으로 나타났다고 보고했다. 비교적 젊은 나이에 죽을지 모른다고 생각하는 여자가 10대에 서둘러 어머니가 되는 현상은 미국 흑인 사회에서도 확인되었다. 부유한 사회의 여인은 30대에 첫 임신을 하는 반면 가난한 지역의 여자는 20대 이전에 출산하는 것이 인류 사회의 보편적 현상으로 밝혀진 셈이다.

또한 가난한 집안에서 태어난 아이들은 무책임한 아버지 때문에 지능 발달도 더디다는 연구 결과가 발표되었다. 경제적으로 무능한 가장은 도박이나 범죄에 휩쓸리기 쉽고 바람을 피울 가능성도 크다. 아버지가 가출한 가정에서 자란 소녀는 성적으로 조숙해 어려서 임신을 하기 쉽다. 게다가 아버지의 사랑을 모르고 자란 아이들은 지능 발달도 더디다. 2008년 격월간 〈진화와 인간행동Evolution and Human Behavior〉11월호에 발표한 논문에서 네틀은 1958년 3월 영국에서 태어난 1만 7000명을 분석한 결과 아버지의 사랑을 많이 받은 자식일수록 지능지수가 높은 것으로 나타났다고 보고했다.

궁핍한 집안의 딸들에게 조기출산이 열악한 환경에 대처하는 생물학적 전략이라면 이는 결코 개인의 선택으로 볼 수만은 없는 문제일 것이다. 따라서 2010년 영국의 과학주간지 〈뉴 사이언티스트〉는 7월 17일자 커버스토리에서 가령 많은 예산을 투입해 성교육을 강화하더라도 10대 미혼모를 줄일 수는 없다고 역설했다. 경제적 취약계층이 가난으로부터 벗어나도록 일자리가 제공될 뿐만 아니라 미래에 희망을 걸게끔 누구나 균등한 기회를 누리는 공명정대한 사회가 되었을 때 비로소 개천에서도 용이 날 수 있다고 주장했다.

최하층 서민의 복지 문제 못지않게 중요한 사회경제적 과제는 소득 불균형에서 비롯되는 상대적 빈곤감으로 분노를 터뜨리는 99%의 마음을 어루만지는 일이다. '점령하라' 시위 이후 각국 정부는 살인적인 청년 실업률을 낮추기 위해 다양한 정책을 내놓았으며 대기업의 탐욕을 다스리거나 슈퍼 부자의 초고액 연봉을 규제하는 법령도 만들었다.

우리나라 역시 예외일 수 없다. 2012년 18대 대선을 앞두고 발표되는 후보들의 경제민주화 정책이 큰 틀에서 엇비슷한 것도 그 때문이다. 12월 19일 '점령하라' 세대의 표심이 어떤 선택을 하게 될지 두고 볼 일이다.

(2012년 11월 18일)

행동의 사회적 감염
연결하면 행복해진다

우리나라에서 대통령 선거 때마다 지역주의가 고질병처럼 되살아나는 까닭은 아마도 유권자들이 자기 고향 출신을 뽑아 놓으면 한두 다리만 건너도 청와대의 권력 실세에게 줄을 댈 수 있다고 막연히 기대하기 때문인지 모른다.

2004년 1월 〈중앙일보〉가 신년 기획으로 연세대학교 사회발전연구소와 함께 한국 사회의 연결망(네트워크)을 조사한 결과, 3.6다리만 건너면 모두 다 아는 사이인 것으로 나타났다. 전혀 모르는 사이끼리라도 세 사람 또는 네 사람만 거치면 다 알게 된다는 뜻이다.

이 조사는 미국 하버드대학교의 사회심리학자인 스탠리 밀그램(1933~1984)의 연구 방식을 따른 것으로 알려졌다. 밀그램은 '작은 세계small world' 현상의 본질을 학문적으로 연구한 최초의 인물이다.

서양에는 지구상의 모든 사람이 여섯 단계만 거치면 어느 누구와도 안면을 틀 수 있다는 속담이 있다. 이른바 여섯 단계의 분리six degrees of separation라는 개념이다. 우리가 한 다리 건넌다고 하는 것은 두 단계를 거치는 셈이므로 우리는 누구든지 다섯 다리만 건너면 버락 오바마 또는 샤론 스톤과 악수를 나눌 수 있다는 뜻이다.

여섯 단계의 분리 개념은 간단한 계산법으로 설명될 수 있다. 우리는 수백 명의 사람과 알고 지낸다. 만일 우리 모두가 각자 100명의 친구를 갖고 있다고 가정하면, 1단계에서는 자신의 친구 100명밖에 모르지만, 2단계에서는 친구 100명의 친구들인 1만 명, 3단계에서는 100만 명과 연결된다. 자신으로부터 두 다리만 건너도 100만 명과 연줄이 닿을 수 있다는 뜻이다. 4단계에서는 1억 명, 5단계에서는 100억 명이 되므로 세계 인구 70억 명의 어느 누구와도 아는 사이가 된다. 이러한 여섯 단계의 분리 개념은 인류 모두가 긴밀하게 연결될 정도로 지구가 좁다는 의미에서 '작은 세계' 현상이라 불리고 있다.

1967년 밀그램은 작은 세계 현상을 검증하는 실험을 했다. 그는 미국 중서부의 주민들에게 편지 뭉치를 보내고 그들에게 이 편지가 보스턴에 사는 낯선 사람들에게 도착될 수 있도록 협조해달라고 요청했다. 실험에 참여한 사람들은 미지의 보스턴 시민들을 알고 있을 법한 친지들에게 편지를 발송했음은 물론이다. 밀그램은 편지의 절반가량이 다섯 명의 중간 사람, 곧 여섯 단계를 거쳐 보스턴 사람들에게 전달되었음을 확인했다.

1998년 미국의 물리학자인 던컨 와츠는 밀그램의 연구를 수학적

물리학자 던컨 와츠는 미국 영화배우들이 3.65단계만 지나면 모두 연줄로 이어져 있음을 수학적으로
입증했다. 미국 영화배우 케빈 베이컨은 로렌스 피시번, 말론 브랜도를 거쳐 찰리 채플린과 연결된다.
(왼쪽 위부터 시계 방향으로)

으로 설명한 작은 세계 이론을 국제학술지인 〈네이처〉에 발표하고, 거대한 미국의 영화 산업을 작은 세계 현상의 대표적인 사례로 제시했다. 와츠는 1994년 선보인 케빈 베이컨 게임을 분석한 뒤 미국 영화 산업이 여섯 단계의 분리 개념에 부합하다는 결론을 내렸다. 케빈 베이컨은 영화배우이다. 이 게임의 목적은 가급적이면 적은 수의 영화를 통해 베이컨을 다른 배우와 연결시키는 것이다. 예컨대 베이컨은 3단계를 거쳐 찰리 채플린과 선이 닿는다. 베이컨은 로렌스 피시번과 같은 영화에 출연했고, 피시번은 말론 브랜도와 작품을 같이 했으며, 브랜도는 채플린과 공연한 적이 있기 때문이다. 이런 방식으로 베이컨과 연줄이 닿는 배우는 22만 명이 넘는다. 할리우드에서 제작된 영화에 출연했던 배우의 90%에 해당하는 숫자이다. 와츠는 케빈 베이컨 게임에서 평균적으로 한 배우가 다른 모든 배우에게 3.65단계만에 연결될 수 있음을 확인했다. 거대한 미국 영화 산업이 사실상 작은 세계인 것으로 판명된 셈이다.

작은 세계 이론은 경제학에서 유행병학에 이르기까지 여러 분야에 적용된다. 예컨대 작은 세계 효과는 한 발전소의 사고로 전체 발전체계가 작동을 멈추는 원인, 뇌 안의 신경세포가 연결되어 있는 구조, 여자들이 함께 사는 기간이 길어질수록 월경주기가 일치되는 현상, 소문이 삽시간에 퍼져나가는 이유, 다른 사람의 행동에 쉽게 감염되는 까닭을 설명하는 접근 방법으로 활용된다.

2009년 〈뉴욕타임스 매거진〉 9월 13일자 커버스토리에 따르면 행동 감염은 사회학의 오래된 핵심 연구 주제이다. 2000년 1월 미국의 저술가인 말콤 글래드웰이 펴낸 『티핑 포인트The Tipping Point』가 베스트셀러가 되면서 행동 감염은 여론이나 유행 같은 대중문화 현상을 설명하는 개념으로 널리 알려졌다.

2002년 하버드대학교의 사회학자인 니컬러스 크리스태키스와 캘리포니아대학교의 정치학자인 제임스 파울러는 사회적 감염 연구에 착수하여 획기적인 성과를 거두었다. 두 사람은 '프레이밍엄 심장 연구Framingham Heart Study'를 활용했다. 1948년부터 매사추세츠 주의 프레이밍엄에서 3세대에 걸쳐 거주하는 1만 2000명을 대상으로 오늘날까지 심장 질환의 위험 요인을 규명하는 대규모 연구이다. 두 사람은 이 연구 기록을 토대로 프레이밍엄 주민이 친구 또는 친척과 어떻게 연결되었는지 분석하고, 이러한 사회적 네트워크가 비만, 흡연, 행복, 고독감의 사회적 전염에 미치는 영향을 연구했다.

크리스태키스와 파울러는 1971년부터 2003년까지 32년간 프레이밍엄 심장 연구에 참여한 1만 2000명이 형성하는 사회적 연결망 안에서 비만이 발생하는 양태를 분석했다. 배우자가 뚱뚱할 경우, 비만이 될 가능성은 37% 증가했다. 유전자를 공유한 형제가 살이 찌면 비만이 될 확률은 40% 더 높았다. 비만인 친구를 가졌을 경우 뚱뚱보가 될 가능성은 57%나 더 컸다. 두 사람이 서로 가까운 친구라고 인정할 경우에는 한 친구가 뚱뚱해지면 다른 친구가 비만이 될 가능성은 171%로 3배나 더 높게 나타났다. 요컨대 친구가 배우자나 형제보다 비만에 더 많은 영향을 끼치는 셈이다. 2007년 두 사람은 〈뉴잉글랜드 의학 저널New England Journal of Medicine〉 7월 26일자에 발표한 논문에서 사람의 체중은 단순히 유전적 성향이나 생활 습관 같은 개인적 요인만으로 불어나는 게 아니라 가까운 친구의 영향을 받는다고 주장했다. 이를테면 비만은 가까운 친구에 의해 전염되는 사회적 질병이라는 뜻이다.

2008년 크리스태키스와 파울러는 두 번째 연구 결과를 〈뉴잉글랜드 의학저널〉 5월 22일자에 발표했다. 1만 2000명의 사회적 네트워크 안에서 담배를 피우는 습관을 분석한 결과였다. 흡연 습관 역시 친구의 영향을 받는 것으로 나타났는데, 친구가 담배를 태우면 흡연 가능성은 61% 더 컸으며 친구의 친구가 담배를 피우면 흡연 확률은 29% 더 높았다. 흡연 습관이 친구뿐만 아니라 얼굴도 모르는 친구의 친구에 의해 영향을 받는 것으로 밝혀진 셈이다.

2008년 두 사람은 세 번째 연구 결과를 〈영국 의학 저널British Medical Journal〉 온라인판 12월 4일자에 발표했다. 1983년부터 2003년까지 20년간 프레이밍엄 심장 연구에 참여한 4700명의 반려자, 친척, 친구, 이웃, 직장동료 등이 형성한 5만 개의 사회적 연결망 안에서 행복이 퍼져나가는 현상을 연구한 결과였다. 한 사람이 행복하면 3단계 떨어진 사람에게까지 영향을 미치는 것으로 밝혀졌다. 한 사람이 행복하면 친구(1단계), 친구의 친구(2단계), 친구의 친구의 친구(3단계)까지 행복감을 느끼게 된다는 뜻이다. 당신이 행복하면 얼굴도 모르는 사이인, 당신 친구(1)의 후배(2)의 여자 친구(3)까지 즐겁게 할 수 있다는 것이다.

연구 결과에 따르면 당신이 행복하면 친구는 25%, 친구의 친구는

10%, 친구의 친구의 친구는 5.6% 행복감을 더 느낀다. 행복은 단순한 개인 정서가 아니라 집단적 현상이며, 전염성이 강력한 것으로 밝혀진 셈이다.

2009년 두 사람은 네 번째 연구 결과를 〈인성과 사회심리학 저널〉 12월호에 발표했다. 1983년부터 2001년까지 18년간 프레이밍엄 심장 연구에 참여한 사람들의 사회적 네트워크 안에서 고독감이 확산되는 현상을 분석한 논문이었다. 한 사람이 외로우면 친구는 50%, 친구의 친구는 25%, 친구의 친구의 친구는 10% 고독감을 더 느끼게 되는 것으로 나타났다. 외로움 역시 행복처럼 사회적으로 전염된다는 뜻이다. 비만, 흡연, 행복, 고독감이 감염된다는 연구 결과는 친구의 중요성을 새삼스럽게 일깨워준다.

크리스태키스와 파울러는 사회적 네트워크 안에서 영향력이 전파되는 현상을 '3단계 영향 규칙three degrees of influence rule'이라고 명명하고, 2009년 9월 함께 펴낸 『연결되다Connected』에서 "만약 우리가 6단계를 통해 모든 사람과 연결되어 있고, 3단계까지 영향을 미칠 수 있다면, 각자는 지구상의 모든 사람에게 절반쯤 도달할 수 있는 능력이 있다고 생각할 수 있다"고 주장했다. 이 책은 우리가 행동을 잘만 하면 3단계 네트워크에 연결된 1000명 정도를 날씬하고 건강하며 행복하게 만들 수 있다고 강조한다.

3단계 영향 규칙은 투표와 같은 정치적 행위의 사회적 전파에도 적용된다. 2005년 파울러는 한 사람이 투표를 하기로 결정했을 때 그와 연결된 모든 사람에게 미치는 영향을 분석한 논문을 발표했다.

『연결되다』에 그 내용이 다음과 같이 소개되었다.

"대부분의 사람들이 자신과 직접 연결된 사람이 3~4명에 불과한데도 불구하고, 한 사람의 투표 행위가 들불처럼 번져나가 최대 100명에게 투표 참여 연쇄파급 효과를 나타냈다. 한 사람이 투표를 하기로 결정한 행위는 평균적으로 세 사람을 추가로 투표장으로 향하게 하는 영향을 미친다."

투표 참여 연쇄파급 효과가 존재한다면 우리 모두는 단 한 표만 행사하는 게 아니므로 선거 결과에 상당한 영향을 미칠 가능성이 높다고 할 수 있다. 2012년 대선 전체 유권자인 4064만 표 중의 한 표일 뿐이어서 별로 소중하게 여기지 않았던 내 한 표가 세상을 바꾸는 데 한몫을 할 수도 있다니 얼마나 기분 좋은 일인가. 여러분은 결코 혼자 투표하는 게 아니다.

(2012년 12월 16일)

이타주의의 기원
그들의 착한 행동에는 이유가 있다

회중시계, 바이올린, 사륜마차. 1876년 표트르 크로포트킨(1842~1921)이 탈옥할 때 사용된 소도구들이다. 감옥에 면회를 온 여인이 그에게 건네준 회중시계 안에는 탈옥 계획이 적힌 쪽지가 숨겨져 있었다. 죄수의 동지들은 여인이 켜는 바이올린 선율에 따라 행동에 옮겼고, 크로포트킨은 사륜마차를 타고 멀리 도망쳤다.

귀족 출신인 크로포트킨은 러시아 황제의 총애를 받았으나 무정부주의에 심취해 지하활동을 한 끝에 구금된 것이다. 탈옥 후에 그는 유럽을 떠돌다가 말년에는 집필 활동에 전념해 1902년 『상호부조론Mutual Aid』을 펴냈다. 이는 영국 철학자 토머스 홉스(1588~1679)의 이론을 두둔한 글을 읽고 이를 반박하기 위해 저술한 책이다. 홉스는 1651년 펴낸 『리바이어던Leviathan』에서 "인간은 인간에 대해서 늑

대"라고 주장했다. 인간 생활은 만인의 만인에 대한 싸움이 되었다는 뜻이다. 크로포트킨은 인간 본성을 투쟁적인 것으로 간주한 홉스와는 달리 협동적인 것으로 보았기 때문에 『상호부조론』을 집필한 것이다.

크로포트킨이 이 책에서 제기한 주제는 오랫동안 생물학자들을 괴롭힌 문제와 일맥상통한 것이다. 협동에 입각한 개체의 이타적 행동은 경쟁을 강조하는 진화생물학에서 볼 때 하나의 수수께끼가 아닐 수 없기 때문이다. 생물학에서 한 개체가 이타적이라는 것은 그 개체가 자신을 희생하여 다른 개체의 생존 가능성을 증진시키는 방향으로 행동하는 것을 말한다. 이타적 행동은 자연에서 흔히 볼 수 있다. 일벌은 꿀을 훔쳐가는 침입자에게 침을 쏘고 스스로 죽는다. 일벌의 살신성인적인 행동은 집단의 식량 창고를 지켜냈으나 당사자는 그 이익을 공유하지 못하므로 이타적이라 할 수 있다. 협동은 상이한 종 사이에서도 발견된다. 빈 고둥 껍데기 속에 사는 집게는 그들 등에 말미잘을 짊어지고 산다. 말미잘은 게의 음식물에서 나오는 찌꺼기를 먹고 사는 대신에 독이 있는 자신의 촉수로 게를 보호해준다.

이와 같이 수많은 생명체가 협력한다는 사실은 생존경쟁과 적자생존을 강조하는 진화론에서 볼 때 패러독스가 아닐 수 없다. 따라서 이기적 개체로부터 이타적 행동이 출현하는 이유를 밝히는 것이 생물학의 중요한 과제가 되었다.

생물의 이타적 행동을 설명하는 이론으로는 혈연선택kin selection

과 상호 이타주의reciprocal altruism 이론이 유명하다. 1930년대부터 여러 생물학자들이 아이디어를 내고 1964년 영국의 윌리엄 해밀턴 (1936~2000)에 의해 체계화된 혈연선택 개념에 따르면, 혈연으로 연결된 개체들은 구성원의 번식 성공도(어떤 개체에서 살아남는 자손의 수)를 전체적으로 증진시키는 방향으로 상호 협력하거나 이타적인 혜택을 베푼다. 요컨대 동물들은 공유한 유전자를 영속시키기 위해 가까운 친척을 돕는다. 그러나 혈연선택 개념은 전혀 혈연관계가 없는 경우에는 한계를 드러낸다.

1971년 미국의 사회생물학자인 로버트 트리버스는 혈연관계가 없는 개체 사이의 협력을 설명하기 위해 상호 이타주의 이론을 발표했다. 상호 이타주의의 기본은 "네가 나의 등을 긁어주면, 내가 너의 등을 긁어준다"는 식의 호혜적 행동이다. 트리버스는 상호 이타주의 이론을 뒷받침하는 수단으로 죄수의 딜레마prisoner's dilemma 게임을 내세웠다.

1950년 창안된 이 게임에서는 가령 당신과 당신의 공범자가 범죄 혐의로 체포되어 각자 다른 감방에 갇혀 있고 검사가 두 사람에게 똑같은 제안을 한다.

"무죄를 주장하더라도 정황 증거가 충분하므로 모두 2년 징역형을 선고받게 된다. 그러나 만일 당신이 유죄를 자백하고 무죄를 주장하는 공범자에게 유죄 판결을 내리기 쉽도록 협조한다면, 당신을 무죄로 풀어주겠다. 보복은 두려워 말라. 공범자는 5년을 감옥에서 썩을 테니까. 하지만 둘 다 유죄를 인정하면 똑같이 4년을 선고받게 될 것이다."

두 사람은 이런 딜레마에서 빠져나오기 위해 어떤 결정을 내려야 유리할까. 공범자가 무죄 주장을 하면 당신은 유죄 자백이 유리하다. 당신은 석방되고 공범자는 5년형을 받기 때문이다. 그러나 공범자가 유죄를 자백하면 당신의 무죄 주장은 불리하다. 공범자가 풀려나는 대신 당신이 5년형을 살게 되기 때문이다. 이처럼 두 경우 모두 언뜻 보아 유죄 인정이 유리할 것처럼 판단된다. 하지만 반드시 그렇지는 않다. 당신과 마찬가지로 공범도 유죄 인정이 좋다고 생각하기 때문이다. 결국 두 사람 모두 석방되기는커녕 4년형을 받게 되므로 무죄를 주장했을 경우보다 옥살이를 2년 더 하게 된다.

죄수의 딜레마 같은 상황은 일상생활에서 얼마든지 발생할 수 있다. 또한 이런 상황이 반복되면 되풀이해서 딜레마에 빠질 수도 있다. 이것이 이른바 반복적 죄수의 딜레마iterated PD이다. 반복적 죄수의 딜레마는 자기중심적인 사람들이 어떤 방식으로 협력할 수 있는가 하는 문제를 제기한다. 한마디로 이기적 세계로부터 협동이 생겨날 수 있는가 하는 질문이다. 이에 대한 해답을 가장 설득력 있게 내놓은 사람은 미국의 정치학자인 로버트 액설로드이다. 그는 반복적 죄수의 딜레마에 빠진 이기적 개체로부터 협력을 끌어내는 가장 우수한 전략으로 심리학자인 아나톨 라포포트가 개발한 팃포탯Tit for Tat을 제시했다.

'맞받아 쏘아붙이기' 또는 '대갚음'을 뜻하는 팃포탯은 "처음에는 협력한다. 그 다음부터는 상대방이 그 전에 행동한 대로 따라서 한

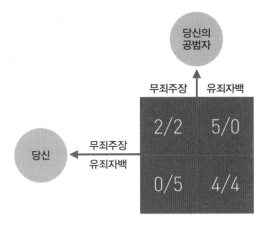

*표의 숫자는 징역 햇수

당신의
공범자

무죄주장   유죄자백

2/2   5/0

당신

무죄주장
유죄자백

0/5   4/4

다"는 두 개의 규칙으로 구성된다. 팃포탯은 한마디로 당근과 채찍 정책의 요체를 합쳐놓은 전략이다. 1984년 액설로드는 연구 결과를 정리해 펴낸 『협력의 진화The Evolution of Cooperation』에서 "상호 협력은 이 기주의자들의 세계에서 출현할 수 있다. 그것은 호혜주의에 입각한 개체들의 집단에서 시작된다"고 주장했다.

거래·계약·교환·분업·양보·신뢰·의무·빚·우정·선물·은혜. 우리가 일상생활에서 무수히 듣는 이 낱말들 속에는 호혜주의의 정신이 깃들어 있다. 1996년 영국의 과학저술가인 매트 리들리가 펴낸 『미덕의 기원The Origins of Virtue』에 적절히 표현된 바와 같이, 인간은 "유일무이하게 상호 이타주의에 익숙한 존재"이다. 그렇다. 우리는 본능적으로 타고난 장사꾼이다.

그러나 주변에는 호혜주의로 설명하기 어려운 이타적 행동이 수두룩하다. 텔레비전에 병든 아이들의 딱한 사정이 소개되면 성금을 내는 통화량이 급증한다. 거리에서 헌혈하는 시민도 자주 보게 된다. 동작동 국립묘지에는 조국을 위해 목숨을 초개같이 버린 젊은 무명용사들이 누워 있다.

생물학자들이 혈연선택 또는 상호 이타주의 이론으로 이러한 제3의 이타적 행동을 설명하지 못함에 따라 실험경제학자들이 나섰다. 1982년 최종제안 게임ultimatum game이 개발되었다. 이 게임은 서로 만난 적이 없는 두 사람을 격리시켜 놓고 진행된다. 먼저 갑에게 가령 100만원을 주고 생면부지인 을에게 일부를 나눠주도록 요구한다. 을 역시 전체 액수가 100만원인지 알고 있다. 을은 갑이 제안하는 액수가 만족스러우면 수락하고, 그렇지 않으면 거부할 수 있다. 그러나 을이 갑의 제안을 거절할 경우 갑과 을 모두 한 푼도 챙길 수 없다.

당신이 갑이라면 어떻게 할 것인가. 가능하다면 90만 원을 갖고 10만 원 정도만 을에게 주고 싶을지 모른다. 그러나 을이 10만 원이 너무 적다고 거절하면 당신은 90만 원은커녕 단 1원도 챙길 수 없다. 한편 을의 입장에서도 액수에 불만을 품고 갑의 제안을 거절하면 10만 원은커녕 단 한 푼도 건질 수 없다. 요컨대 갑은 자신의 몫을 최대한 늘리면서 거래를 성사시키는 묘안을 찾아내지 않으면 안 된다.

실험경제학자들은 갑이 을에게 제공한 몫이 22~58%임을 밝혀냈다. 이러한 연구 결과를 통해 을이 갑의 제안을 수락 또는 거절하는 이유가 개인적 이해타산 때문만은 아니라는 결론이 도출되었다. 공

다큐멘터리 영화 '울지마, 톤즈'의 주인공 이태석 신부.
그는 아프리카 수단의 톤즈에 가서 병원과 학교를 짓고
선교 활동을 하다 47세의 젊은 나이에 숨졌다.

평성이 거래를 성사시키는 중요한 판단 기준인 것으로 밝혀졌기 때문이다. 사람들은 공평하게 행동하지 않는 불로소득자free rider를 철저히 응징하지만, 페어플레이를 하는 상대에게는 기꺼이 자신의 것을 희생하는 성향을 타고났다는 뜻이다. 이를테면 인간은 이기적인 측면이 강함과 동시에 더불어 살 줄 아는 지혜를 가진 동물인 것이다. 이런 맥락에서 인류는 지구상에서 가장 협력을 잘 하는 동물임에 틀림없다. 2011년 3월 미국의 수리생물학자인 마틴 노왁이 이타주의 이론을 총 정리한 저서를 출간하면서 『슈퍼 협력자Super Cooperators』라고 제목을 붙일 만도 하다.

2012년 노왁은 월간 〈사이언티픽 아메리칸〉 7월호에 커버스토리로 실린 글에서 인간이 슈퍼 협력자로 진화된 까닭은 사회적 평판reputation을 중시하기 때문이라고 주장하고, "인류는 완벽한 언어를 가진 유일한 동물이며 가까운 이웃부터 지구 반대편의 낯선 사람들까지 서로 정보를 공유하므로 세평에 민감할 수밖에 없다"고 설명했다. 다시 말해 사람들은 좋은 평판을 듣기 위해 피 한 방울 섞이지 않고 물질적 보답도 기대하기 어려운 낯선 사람들에게 선뜻 기부금을 내고 헌혈도 한다는 것이다.

노왁은 평판을 위해 이타적인 행동을 하는 경우 되돌려 받는 것이 전혀 없지는 않다고 주장한다. 예컨대 1980년대에 일본 도요타 자동차가 미국 시장에서 경쟁업체보다 앞서간 이유 중의 하나가 납품업체를 공평하게 취급했다는 평판이 고객 사이에 널리 퍼졌기 때문이라는 것이다.

워런 버핏, 빌 게이츠, 안철수처럼 사회를 위해 큰돈을 아낌없이 내놓은 기업가는 한둘이 아니다. 그들은 정녕 평판만을 위해 그 많은 돈을 기꺼이 기부했을까.

(2012년 9월 9일)

국민행복시대
한국인은 풀이 죽어 있다

많은 사람들은 큰 집과 비싼 차를 손에 넣으면 행복해질 수 있다고 여기기 때문에 돈을 벌기 위해 전력투구한다. 정녕 돈으로 행복을 살 수 있을까? 행복경제학happiness economics 연구자들이 답을 찾고 있는 핵심 질문이다.

초창기 행복경제학에서 금과옥조처럼 여긴 이론은 이스털린 역설 Easterlin paradox이다. 미국의 경제학자인 리처드 이스털린은 제2차 세계 대전에 패망한 뒤 급속한 경제 발전을 이룬 일본 사람의 삶에 대한 만족도를 분석했다. 그 결과 1950년부터 1970년까지 1인당 소득은 7배나 늘어났지만 삶에 만족하는 일본인은 많지 않은 것으로 나타났다. 다시 말해 부유해졌지만 행복해진 것은 아니었다. 1974년 이 스털린은 '경제 성장이 반드시 삶의 만족도를 높여주지는 않는다'는 연구 결과를 발표하였다.

이스털린 역설을 뒷받침하는 연구 결과는 한두 개가 아니다. 미국의 심리학자인 데이비드 마이어스는 2000년 미국 인구조사 자료를 사용하여 개인의 경제 능력이 행복에 큰 영향을 미치지 못한다는 사실을 밝혀냈다. 이 연구에서 2000년 미국인의 구매 능력은 1950년 이후 3배로 늘어났지만 스스로 행복하다고 느끼는 사람의 비율은 50년이 지나서도 달라지지 않은 것으로 나타났다.

돈이 많으면 호의호식할 수 있을 테지만 삶의 즐거움까지 실컷 누리게 되는 것은 아니라는 논문도 발표되었다. 벨기에의 심리학자인 조디 큐오이드바흐 주도하에 여러 나라 학자가 참여한 공동 연구에서 부유한 사람일수록 살아가는 재미를 만끽하는 능력이 부족하다는 결과가 나왔다. 2010년 〈심리과학〉 6월호에 발표된 논문에서 돈이 많으면 가장 비싸고 귀한 것만을 소유할 수 있지만 돈이 끝내 사소한 행복을 누릴 수 있는 능력도 파괴한다고 주장했다.

돈으로 욕망을 채우고도 삶의 잔재미를 느낄 수 없는 까닭은 일상생활에서 행복을 갈망하는 수준이 갈수록 높아지기 때문이라고 설명되기도 한다. 2010년 월간 〈사이언티픽 아메리칸〉 온라인판 8월 10일자에서 미국의 행복학 전문가인 손저 류보머스키는 돈이 많은 사람이 돈으로 행복을 살 수 있다고 믿게 되면 갈수록 낭비를 일삼게 되므로 결국 삶을 즐기는 능력을 훼손하게 된다고 주장했다. 미국인의 20%가 2년마다 자동차를 새로 바꾸지만 행복감이 오래 지속되지 않는 것처럼 돈이 삶의 만족도를 끌어올리는 것은 아니라고 덧붙였다.

우리나라의 경우 역시 이스털린 역설이 적용될 것 같다. 2005년부터 지구촌의 행복을 측정하는 갤럽 세계 여론조사Gallup World Poll에 따르면 행복하다고 대답한 국민의 비율이 GDP가 8402달러인 1993년이나 2만 2489달러인 2011년이나 똑같이 52%로 나타났다.

한편 문명의 혜택을 받지 못하는 마사이족이 선진국 사람들 못지않게 삶에 만족하며 행복하게 살고 있다는 사실이 밝혀졌다. 남아프리카의 유목민족인 마사이는 진흙집에서 수돗물이나 전기도 없이 수렵채집을 하며 산다. 미국의 심리학자인 에드 디너는 15년 동안 마사이족의 마을을 여러 차례 찾아가서 그들이 비록 문화생활을 향유하지 못하지만 하루하루 아주 즐겁게 살아가고 있다는 사실을 확인했다.

미개사회의 부족민이 문명사회의 현대인과 똑같이 삶에 만족한다는 것은 결국 행복이 한마디로 정의하기 어려운 개념임을 방증한 셈이다. 행복의 본질을 연구하는 분야인 긍정심리학positive psychology에서 가장 중시하는 행복의 개념은 '주관적 안녕subjective well-being'이다. 주관적 안녕은 삶의 만족도, 긍정적인 정서, 부정적인 정서 등 세 가지 요소로 구성된다. 이를테면 개인적 성취, 가족·친구와의 관계, 학교·직장에서의 활동 등 자신의 삶에 대해 만족도가 높을수록, 행복감·즐거움 같은 긍정적 정서를 자주 느낄수록, 슬픔·권태 같은 부정적 정서를 적게 경험할수록 행복한 삶이라고 보는 것이다.

디너는 주관적 안녕SWB 개념으로 여러 나라의 행복도를 측정한 연구 결과를 여러 차례 발표했다. 특히 2010년 8월 한국심리학회가 서

마사이족은 문명의 혜택을 받지 못하고 있지만
선진국 사람들 못지않게 삶에 만족하며 행복하게
살고 있다.

울에서 개최한 '2010 대외국제심포지엄'에 참석하여 기조 논문으로 발표한 〈한국에서의 불행Unhappiness in South Korea〉은 디너의 전문적 식견을 유감없이 보여주었다.

디너는 이 논문의 첫머리에서 "한국은 주관적 안녕의 측면에서 바람직한 상태가 아니다"라고 단언하며 130개 국가의 13만 7214명을 대상으로 실시된 갤럽 세계 여론조사의 결과를 그 근거로 제시했다.

그는 한국과 주관적 안녕을 비교하는 대상으로 세계 최고의 부자나라인 미국, 가장 행복한 나라로 손꼽히는 덴마크, 경제대국으로 이웃 나라인 일본, 세계 최빈국의 하나인 짐바브웨 등 4개국을 골랐다. 삶의 만족도를 10점 만점 기준으로 측정한 결과는 덴마크 8.0, 미국 7.2, 일본 6.5, 한국 5.3, 짐바브웨 3.8로 나타났다. 디너는 한국이 세계 평균치(5.5)를 밑돈다는 사실을 상기시키면서 한국이 "소득은 세계 상위 국가이면서 행복을 느끼는 감정은 세계 하위 수준이어서 놀랍다"고 털어놓았다.

디너의 분석에 따르면 한국인의 주관적 안녕 수치가 소득 수준에 비해 낮은 까닭은 크게 두 가지 때문이다. 하나는 물질주의이고, 다른 하나는 사회적 자본social capital의 취약성이다.

먼저 물질주의의 경우, 한국 사람이 5개국 중에서 물질적 가치를 가장 소중히 여기는 것으로 밝혀졌다. 한국은 물질적 가치를 평가하는 정도를 10점 만점으로 측정한 결과 7.24로 나타나 훨씬 잘 사는 미국(5.45)과 일본(6.01)은 물론이고 심지어 아주 가난한 짐바브웨(5.77)보다 높은 수치였다. 이처럼 경제적 성공에 삶의 목표를 두게 되면 아무리 많은 재산을 모으더라도 항상 부족하다고 여길 터이므로 만족스러운 삶을 꾸려나가기 어려울 것이다. 물질주의의 포로가 되면 가령 나눔이나 사회봉사의 소중함을 알 까닭이 없으므로 행복감을 맛볼 수도 없다. 디너는 "소득이 올라가더라도 한국에서 주관적 안녕을 끌어올리는 해결책이 될 수 없다"는 결론을 내리고, "정치인과 국민 모두 경제에 강력한 초점을 맞추지만, 한국에서 보듯이 일단 한 국가가 물질적 번영의 수준에 도달하게 되면 사회적으로 더 많은 관심을 기울여야 할 다른 측면이 많다"고 덧붙였다.

디너가 한국인의 주관적 안녕 수치가 낮은 까닭으로 꼽은 다른 하나는 신뢰나 협동 같은 사회적 자본의 열악한 수준이다. 먼저 위급한 상황에서 남에게 도움을 청할 수 있다는 사람의 비율을 조사한 결과, 한국(78%)은 덴마크(97%), 미국(96%), 일본(93%), 심지어 짐바브웨(82%)보다 낮게 나타났다. 한국 사람 5명 중 한 명은 위기에 도와줄 사람이 아무도 없다고 응답한 셈이다. 밤에 길을 혼자 걸을 때 안전하다고 느끼는 사람의 비율은 덴마크(82%), 미국(77%), 한국(67%), 일본(62%), 짐바브웨(44%)의 순서이다. 한국 사람의 3분의 1은 밤에 혼자 걸으면 불안을 느낀다는 뜻이다. 남으로부터 존중을 받는다고 생각하는 사람은 덴마크(94%), 미국(88%), 짐바브웨(72%), 일본(66%)에 이어 한국(56%)은 꼴찌이다. 한국인의 거의 절반가량이 주변 사람들로부터 높이 평가받고 있지 않다고 응답한 것이다. 타인으로부터 인격적 대접을 받지 못하는 사람이 삶에 만족을 느끼고 행복감을 느낄 리 만무하다.

사회적 부패 역시 주관적 안녕에 영향을 미친다. 2009년 세계은행이 평가한 국가별 부패지수에 따르면 180개 국가 중에서 1위는 뉴질랜드이며 덴마크 2위, 일본 17위, 미국 19위이고 한국은 39위이다. 부패한 나라일수록 신뢰수준이 낮아 상대를 불신하게 되므로 행복한 삶을 영위하기 어렵다.

우리나라의 사회적 자본에 대한 디너의 분석을 종합하면 한국 사회는 위기에 닥쳤을 때 남의 도움을 청하기도 쉽지 않고, 밤에 혼자 걸으면 불안하고, 존중을 받으며 살기도 어렵고, 부패해서 서로 믿을 수도 없다고 생각하는 사람이 적지 않기 때문에 주관적 안녕이 만족할 만한 수준이 되지 못한 실정이다.

이런 사회에서 삶의 질$_{QOL}$이 높을 까닭이 없다. 우선 직업 만족도가 높지 않은 것으로 밝혀졌다. 직업 만족 비율을 보면 덴마크(0.95), 미국(0.87), 일본(0.78), 한국(0.76), 짐바브웨(0.51)의 순서이다. 덴마크에서는 거의 모든 국민이 자신의 직업에 만족하는 반면, 한국에서는 25% 정도가 직업에 불만을 갖고 있는 셈이다. 한국 사람은 나라에 대해서도 별로 만족하지 못하는 것 같다. 국가에 대한 만족도를 보면 10점 만점에 덴마크(7.2), 미국(6.0), 일본(5.4), 한국(5.2), 짐바브웨(3.1)로 나타나 한국인의 절반가량이 나라에 불만을 갖고 있는 것으로 드러났다. 디너는 한국인이 직업과 나라에 대해 크게 만족하지 못한 상태이므로 삶의 질이 좋아질 수 없다고 분석했다.

한국 사회의 불행을 진단한 디너의 논문은 "한국에서 필요한 것은 삶의 질과 주관적 안녕을 개선하기 위한 전면적인 계획이다"라고 결론을 맺는다.

디너의 진단과 처방에 동의하건 안 하건 아무도 믿고 싶지 않는 통계가 두 가지 있다. 하나는 2012년 2월 OECD가 발표한 우리 국민의 행복지수가 회원국 32개국 가운데 31위로 간신히 꼴찌를 면했다는 것이다. 다른 하나는 1인당 소득이 2000년 1만 1292달러에서 2010년 2만 562달러로 1.8배나 높아졌지만 인구 10만 명당 자살률은 2000년 13.6명에서 2010년 31.2명으로 오히려 2.3배가 되었다는 것이다. 2010년 한국에서 하루 평균 42.6명씩, 연간 1만 5566명이 목숨을 끊어 OECD 국가 중에서 8년째 자살률 1위라는 가슴 아픈 기록을 보유하게 되었다.

우리 사회는 이념·세대·계층·지역 갈등으로 시달리고 청년실업·비정규직 근로·조기퇴직으로 생계의 근본이 휘청거리고 있다. 디너의 표현처럼 "많은 한국인이 분노를 터뜨리며 풀이 죽어 있는" 실정이다.

모든 국민이 인간답고 풍요로운 삶을 영위하며 다 같이 행복해지는 '국민행복시대'는 언제쯤 실현될는지.

(2013년 1월 27일)

융합

CONVERGENCE

창조적 융합
깊이 탐구하고 널리 소통한다

사회 전반에 걸쳐 융합convergence 바람이 거세게 불고 있다. 서로 다른 학문, 기술, 산업 영역 사이의 경계를 넘나들며 새로운 주제에 도전하는 지식 융합, 기술 융합, 산업 융합은 새로운 가치 창조의 원동력이 되고 있다. 21세기 들어 융합 현상이 시대적 흐름으로 자리 잡게 된 까닭은 상상력과 창의성을 극대화할 수 있는 지름길로 여겨지기 때문이다.

인문사회학과 과학 기술을 아우르는 지식 융합은 그 뿌리를 계산적 견해computational view에서 찾아볼 수 있다. 현대 과학이 태동한 이래로 주요 연구 수단은 망원경과 현미경이었다. 따라서 학자들은 자연현상을 분석analysis하여 연구 대상의 크기에 따라 다양한 학문을 사다리 모양으로 정돈했다. 가장 작은 실체를 다루는 물리학을 사다리의 맨 아래 계단에 두고 사다리를 따라 올라가면 화학과 생물학, 그다음에 심리학과 사회학이 나타나는 식으로 학문의 위계가 구축되었다. 그러나 제2차 세계대전 이후, 특히 1970년대부터 컴퓨터가 학문의 연구 수단으로 각광을 받게 되면서 전통적인 연구 방법이 도전을 받게 되었다. 분석 못지않게 통합synthesis 능력이 뛰어난 컴퓨터의 출현으로 완전히 새로운 차원에서 다양한 학문 사이의 관계를 재고하게 된 것이다. 전문 분야의 개별적인 연구보다는 여러 학문 사이의 공동 연구가 요구되는 새로운 주제들이 속속 발견됨에 따라 상이한 학문 간의 수평적 융합이 가속화되는 현상이 나타났다.

컴퓨터는 자연현상을 모형화(모델링)해서 시뮬레이션(모의실험)하는 방법을 제공한다. 이러한 컴퓨터 모델링 기법의 등장으로 자연현상을 컴퓨터를 통해 이해하는 계산적 견해가 출현한 것이다. 계산적 견해에 따르면 물리학의 경우, 가령 태양계를 컴퓨터로 간주하고 자연의 법칙은 컴퓨터 프로그램이라고 생각한다. 이를테면 태양의 주위를 돌고 있는 행성(컴퓨터)은 뉴턴의 법칙(프로그램)에 의해 자기의 궤도를 결정(계산)하는 것으로 본다. 생물학에서는 계산적 견해를 적용하여 뇌, 면역계, 생물의 성장에 관한 컴퓨터 모델을 개발하고 있다. 뇌의 신경세포(뉴런)가 정보를 처리하는 메커니즘을 모형화하는 신경망neural network 이론, 면역계가 정보를 처리하고 경험을 통해 학습하고 기억하는 능력을 컴퓨터 안에서 모형화시키는 이론면역학, 생물이 유전 정보에 의해 하나의 개체로 발달하는 과정을 모형화하여 컴퓨터 안에서 인공생명artificial life의 생성을 시도하는 계산생물학이 크게 주목을 받고 있다.

계산적 견해에 의해 성립된 대표적인 학제 간 연구는 인지과학이다. 1956년 미국에서 마음을 과학적으로 연구하기 위해 출현한 인지과학은 사람의 뇌를 컴퓨터의 하드웨어, 사람의 마음을 소프트웨어에 해당하는 것으로 간주한다.

인지과학은 심리학·철학·언어학·인류학 등 인문사회학과 신경과학·인공지능 등 과학 기술로 구성된 융합학문이다. 인지과학은 그 역사가 매우 짧지만 여섯 개의 학문에 깊은 뿌리를 두고 있으므로 어느 의미에서는 가장 긴 역사를 가진 과학의 하나라고 할 수 있다.

인지과학의 방법론과 연구 성과를 활용하는 융합학문이 갈수록 늘어나고 있다. 거의 모든 인문사회학에서 인지과학과 융합한 새로운 연구 분야가 나타나고 있다. 심리철학, 인지심리학, 인지언어학, 계산언어학, 인지인류학, 인지고고학, 인지종교학, 행동경제학, 인지경제학 등 철학에서 경제학에 이르기까지 인지과학이 여러 학문에 미치는 영향은 갈수록 증대하는 추세이다.

한편 신경과학에 의해 마음의 물리적 기초가 밝혀지기 시작함에 따라 여러 분야에서 융합학문이 태동했다.

먼저 뇌 연구와 인문사회학의 융합으로 사회신경과학, 신경경제학, 신경신학, 신경미학, 신경윤리학이 출현하였다. 사회신경과학은 인간의 사회적 인지 및 행동의 기초가 되는 생물학적 메커니즘을 탐구하기 위해 사회심리학과 신경과학이 융합한 분야이다. 신경경제학은 경제학에 신경과학과 심리학을 융합해 인간의 선택과 의사결

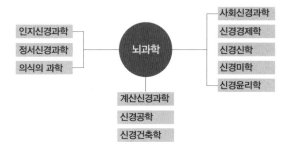

정을 연구하는 분야이다. 신경신학은 인간이 영성을 주관적으로 체험할 때 뇌 안에서 발생하는 현상을 연구하여 영성과 뇌 사이의 관계를 밝히려는 학문이다. 신경윤리학은 신경과학의 발전에 따라 필연적으로 야기되는 윤리적 문제를 성찰하려는 시도이다.

그리고 뇌 연구와 과학 기술의 융합으로 새로운 연구 분야가 형성되었다. 대표적인 사례는 계산신경과학과 신경공학이다. 계산신경과학은 뇌의 기능을, 신경계를 구성하는 물질이 정보를 처리하는 과정, 곧 계산에 의해 설명하기 위하여 컴퓨터 과학과 신경과학이 융합하여 출현한 분야이다. 신경공학은 사람의 뇌를 조작하는 기술이다. 신경공학은 뇌의 질환을 치유하는 것이 주요 목적이지만, 결국에는 정상적인 사람의 뇌 기능을 향상시키는 쪽으로 활용 범위가 확대될 것임에 틀림없다. 신경공학의 대표적인 기술은 뇌-기계 인터페이스brain-machine interface이다.

기술 융합은 전통 산업과 첨단 산업, 첨단 기술과 첨단 기술 사이의 울타리를 넘나들면서 신기술과 신제품을 쏟아내고 있다. 기술 융합의 확산을 결정적으로 촉발시킨 것은 2001년 12월 미국 과학재단과 상무부가 융합 기술convergent technology에 관해 공동으로 작성한 정책 문서이다. 이 문서는 나노 기술(NT), 생명공학 기술(BT), 정보 기술(IT), 인지과학(CS) 등 4대 분야(NBIC)가 상호 의존적으로 결합되는 것을 융합 기술이라 정의하고, 기술 융합으로 르네상스 정신에 다시 불을 붙일 때가 되었다고 천명하였다.

르네상스의 가장 두드러진 특징은 학문이 전문 분야별로 쪼개지지 않고, 가령 예술이건 기술이건 상당 부분 동일한 지적 원리에 기반을 두었다는 점이다. 이 정책문서의 표현을 빌리면 르네상스 시대에는 여러 분야를 공부한 창의적인 개인이 '오늘은 화가, 내일은 기술자, 모레는 작가'가 될 수 있었다. 이 문서는 기술 융합이 완벽하게 구현되는 2020년 전후로 인류가 새로운 르네상스를 맞게 되어 누구나 능력을 발휘하는 사회가 도래할 가능성이 높다고 장밋빛 전망을 피력했다.

기술 융합을 선도하는 분야는 정보 기술이다. 먼저 정보 기술은 자동차, 조선, 건설, 전력 등 전통 산업과 융합하여 경쟁력 향상에 일조한다. 이른바 굴뚝 산업에 접목되어 자동차 산업에서는 지능형 자동차, 조선 산업에서는 디지털 선박, 건설 분야에서는 스마트 도시, 전력 분야에서는 스마트 그리드(지능형 전력망) 등 새로운 산업을 창출한다. 또한 정보 기술은 발전을 거듭하여 디지털 컨버전스, 방

정보 기술과 기술 융합

계산신경과학 — 정보 기술 — 디지털 컨버전스 / 방송통신 융합 / 유무선통신 융합 / 만물의 인터넷

생물정보학 / 시스템생물학 / 합성생물학 — 자동차 산업 / 조선 산업 / 스마트 도시 / 스마트 그리드

송통신 융합, 유무선통신 융합, 만물의 인터넷Internet of Things 등 다양한 형태로 진화하고 있다. 만물의 인터넷은 일상생활의 모든 사물을 네트워크로 연결해서 인지·감시·제어하는 정보통신망이다. 미국의 경우 2025년까지 이 세상에 존재하는 물건은 무엇이든지 만물의 인터넷에 연결될 것으로 전망된다.

정보 기술과 생명공학 기술의 융합도 활발하게 진행된다. 인간게놈프로젝트HGP를 추진하는 과정에서 출현한 생물정보학을 중심으로 시스템생물학과 합성생물학이 등장한 것이다. 생명공학 기술 역시 여러 분야와 융합하여 생물의학, 생물정보학, 시스템생물학, 생체전자공학, 생체조직공학, 합성생물학을 출현시켰다.

생명공학 기술과 나노 기술이 융합된 나노바이오 기술은 궁극적으로 나노 의학 시대를 열게 될 전망이다. 특히 나노 기술의 발전에 힘입어 생물체로부터 영감을 얻어 문제를 해결하거나 생물을 본뜨는 기술인 자연중심 기술이 주목을 받기 시작했다. 자연중심 기술은 생물학·생태학·나노 기술·재료공학·로봇공학·인공지능·인공생명·신경공학·집단지능·건축학·에너지 기술을 망라한 융합 기술이다. 자연을 스승으로 삼고 인류 사회의 지속 가능한 발전의 해법을 모색하는 자연중심 기술은 녹색기술의 한계를 보완할 가능성이 크기 때문에 청색기술blue technology이라 불리기도 한다.

또한 과학 기술이 문화예술과 융합하여 문화콘텐츠의 부가가치를 높이고 있다.

융합 기술로 신산업을 창출하거나 전통 산업을 고도화하기 위해서는 필연적으로 산업 융합이 요구된다. 산업 융합은 기술, 제품, 서비스가 서로 융합하여 새로운 부가가치를 창출하는 방향으로 전개되는 추세이다. 대표적 사례로는 여러 제품끼리 융합된 스마트폰을 들 수 있다. 다양한 휴대장치의 기능을 합쳐놓은 애플의 아이폰이 거둔 성공은 산업 융합의 중요성을 상징적으로 보여준다.

애플의 성공 신화는 전적으로 스티브 잡스(1955~2011)의 융합적 사고에서 비롯되었다. 2011년 3월 잡스는 아이패드2를 발표할 때 대형 스크린에 리버럴 아츠(교양과목)와 테크놀로지의 교차로 표지판을 띄우면서 "교양과목과 결합한 기술이야말로 우리 가슴을 노래하게 한다"고 말했다. 현대 대학의 교양과목에는 인문학·사회과학·자연과학·어학 따위의 모든 학문이 포함된다. 하지만 우리나라에서는 잡스의 말을, 인문학과 기술을 융합하여 스마트폰처럼 세상을 바꾼 제품을 만들었다는 의미로 받아들이고 있다. 어쨌거나 인문학적

스티브 잡스는 융합적 사고로 애플 신화를 썼다.
2011년 3월 스티브 잡스가 아이패드 2를 발표하고 있다.

상상력을 정보 기술에 접목한 잡스의 융합적 사고가 애플 제품의 세계시장 석권을 일구어낸 원동력임은 분명한 사실이다.

잡스의 융합적 접근 방법에 충격을 받은 국내 기업은 물론 정부당국은 산업 융합의 중요성을 절감하고 지식경제부 산하의 한국산업기술진흥원을 중심으로 다각도로 대책을 궁리하고 있는 것으로 알려졌다.

융합은 21세기 한국 사회의 발전을 이끌어 갈 새로운 패러다임으로 자리매김하고 있다. 지식 융합은 대학, 기술 융합은 연구소, 산업 융합은 기업에서 각각 새로운 아이디어, 콘텐츠, 제품, 서비스를 쏟아내기 시작했다. 이러한 융합의 물결을 주도할 사람은 자신의 분야를 '깊이 탐구하고' 관련 분야와 '널리 소통하는' 융합형 인재일 것임에 틀림없다.

(2012년 10월 7일)

신체화된 인지
몸으로 생각한다

천주교에서 미사를 거행할 때 사제가 손을 씻는 의식을 치르는 까닭은 물에 의해 죄악이 씻겨 내려가서 '결백하게 된다'(시편 26:6)고 여기기 때문이다. 범죄 집단의 굴레에서 빠져나오면 '손을 씻었다'고 말한다. 이처럼 물리적 상태를 나타내는 낱말로 추상적 개념을 묘사하는 표현은 한둘이 아니다. 가령 존경하는 인물은 '올려다'본다, 과거는 '되돌아'본다, 사랑하는 사람은 '따뜻하게' 느껴진다고 표현한다. 이런 사례는 마음이 존경이나 애정 같은 추상적 개념을 이해할 때 몸의 도움을 받는 증거로 받아들여지고 있다. 따라서 몸의 감각이나 움직임이 마음의 인지 기능에 영향을 미치고 있다고 주장하는 '신체화된 인지embodied cognition' 이론이 주목을 받는다.

사람의 마음은 오랫동안 객관적으로 정의될 수 없는 현상으로 여겨졌기 때문에 과학적 연구의 주제가 되지 못했다. 그러나 컴퓨터가 등장하면서부터 일부 학자가 하드웨어를 사람의 뇌로, 소프트웨어를 마음으로 간주함에 따라 비로소 마음이 과학의 연구 대상이 되었다. 1950년대에 미국을 중심으로 마음을 연구하는 융합학문인 인지과학cognitive science이 출현하게 된 것이다.

인지과학은 사람의 인지 활동이 마음의 표상mental representation인 기호symbol에 의하여 설명될 수 있다고 전제하기 때문에 사고, 지각, 기억과 같은 다양한 인지 과정에서 기호가 조작된다고 본다. 마음이 기호를 조작하는 과정, 곧 특정 정보를 처리하는 과정은 계산computation이라 한다. 요컨대 인지과학은 마음을 기호체계로 보고 마음이 컴퓨터처럼 표상(기호)과 계산(기호 조작)에 의해 설명될 수 있다고 주장한다.

인지과학의 초창기부터 정보처리 측면에서 몸의 역할은 별로 중요하게 여겨지지 않았다. 인지과학자들에 따르면, 몸은 감각기관을 통해 외부 세계의 정보를 획득하여 뇌로 전달하고, 이 정보를 처리하는 뇌의 지시에 따라 운동기관을 통해 행동으로 옮긴다. 컴퓨터로 치면 몸은 입출력장치에 불과하며 뇌만이 정보를 처리한다는 뜻이다.

그러나 1980년대 후반부터 몸을 뇌의 주변장치로 간주하는 견해에 도전하는 이론이 발표되기 시작했다. 그들은 몸의 감각이나 행동이 뇌의 정보처리에 영향을 미치기 때문에 몸을 단순히 정보처리 입출력장치로 보아서는 안 된다고 주장했다. 이른바 '신체화된 인지 이론'이 등장한 것이다.

마음이 신체화되어 있다는 주장을 본격적으로 펼치기 시작한, 이른바 제2세대 인지과학의 대표적 이론가로는 미국의 언어철학자인 마크 존슨과 언어학자인 조지 레이코프를 꼽는다. 1987년 존슨은 현대 철학에서 마음의 신체화를 처음으로 다룬 저서로 평가되는『마음속의 몸The Body in the Mind』을 펴냈다. 이 책의 핵심 주제는 서양의 주류 철학에서 철저히 무시되었던 몸의 중심성을 회복하는 것, 곧 '몸을 마음 안으로 되돌려놓는 것'이다. 존슨은 이 책에서 "몸은 마음속에 있고, 마음은 몸속에 있으며, 몸-마음은 세계의 일부이다"라고 주장했다. 그는 레이코프와의 공동 작업을 통해 체험주의experientialism라는 새로운 철학적 접근을 시도했다.

1999년 레이코프와 존슨은『몸의 철학Philosophy in the Flesh』을 펴냈다. 책의 부제인 '신체화된 마음의 서구 사상에 대한 도전'처럼 두 사람은 2002년 출간된 한국어판 서문에서도 "우리는 새로운 신체화된 철학, 즉 몸 안에서의 몸의 철학을 건설해야 할 필요가 있다는 것을 알게 되었다"고 연구의 배경을 설명했다. 레이코프는 1970년대 말부터 노엄 촘스키의 형식언어학을 비판하면서 인지언어학cognitive linguistics이라는 새로운 분야를 창시했다.

『몸의 철학』은 레이코프와 존슨이 제안하는 신체화된 마음이론을 집대성한 성과로 평가된다. 두 사람은 이 책에서 '인지과학의 세 가지 주요한 발견'에 입각해서 신체화된 마음이론을 전개하고 있다.

첫째, 마음은 본유적으로 신체화되어 있다. 인간의 마음은 신체적 경험, 특히 감각운동 경험에 의해 형성된다. 따라서 "마음이 컴퓨터

소프트웨어와 같아서 어떤 신경 하드웨어에도 작용할 수 있는 컴퓨터 같은 사람은 없다"는 것이다.

둘째, 인간의 인지는 대부분 무의식적이다. 의식적 사고는 거대한 빙산의 일각에 불과하다. 모든 사고의 95%는 무의식적 사고이다.

셋째, 우리의 사고는 대부분 은유적이다. 우리는 가령 '사랑은 여행'이나 '죽음은 무덤'과 같은 개념적 은유conceptual metaphor를 수천 개 사용하여 생각하고 말한다. 이러한 은유는 신체화된 경험에서 나온다. 그래서 은유가 행동에 영향을 미칠 수 있다는 것은 전혀 놀라운 일이 아니다.

레이코프와 존슨은 "마음의 신체화, 인지적 무의식cognitive unconscious, 은유적 사고는 한데 묶여서 이성과 인간의 본성을 이해하는 새로운 방식을 요구한다"고 전제하면서 특유의 신체화된 마음이론을 정립했다.

레이코프는 인지언어학을 정치학에 접목시킨 진보적인 사상가로도 유명하다. 대표작인 『도덕, 정치를 말하다Moral Politics』(1996, 2002)와 『코끼리는 생각하지 마Don't Think of An Elephant』(2004)는 국내에도 번역 출간되었다.

1987년 『마음속의 몸』 출간을 계기로 논의가 시작된 신체화된 인지 개념은 1991년 칠레의 생물학자인 프란시스코 바렐라(1946~2001)가 두 명의 저자와 함께 펴낸 『몸의 인지과학The Embodied Mind』에 의해 인지과학의 핵심 쟁점으로 부각되었다. 이 책은 동·서양의 사상가를 한 명씩 끌어들여 몸과 마음의 관계를 분석했다. 한 사람은 프랑스의 철학자인 모리스 메를로퐁티(1908~1961)이고, 다른 한 사람은 인도의 승려인 용수(150?~250?)이다.

메를로퐁티는 실존주의적 현상학을 전개하여 주관과 객관, 자연과 정신 등의 이원론적 분열을 배격했다. 그에게 인간은 신체를 통해 세계 속에 뿌리를 내리는 존재인 '신체적 실존'이다. 1945년 펴낸 『지각의 현상학Phenomenologie de la Perception』 서문에서 "세계는 나의 모든 사고와 나의 모든 분명한 지각의 자연스러운 배경이며 환경이다"라고 설파했다. 이러한 신체적 실존에 있어서 마음은 '신체를 통하여 구현된' 것이며 지각이야말로 인간과 세계의 원초적이며 근본적인 관계인 것이다. 신체적 실존의 지각 현상을 강조한 메를로퐁티는 마음에 관한 연구인 인지과학에서 인간의 경험이 논의되어야 한다고 주장한 셈이다.

서기 2세기 후반에 대승불교 사상의 철학적 근거를 마련한 용수는 중관론中觀論의 창시자이다. 중관론 또는 중론은 주관과 객관, 대상과 속성, 원인과 결과가 독립적으로 존재한다는 이분법을 배격한다. 용수는 독립적인 존재성을 지닌 어떠한 것도 결코 발견될 수 없으므로 "상호의존적으로 발생하지 않는 것은 없다"는 결론을 내린다. 완전한 상호의존성에 관한 용수의 논증은 연기緣起, dependent arising의 이론에 관한 그의 저작에도 그대로 나타난다. 연기는 '여러 방식으로 발생하는 조건들에 의존함' 또는 '상호의존적 발생'을 의미한다. 연기의 개념을 기본으로 하는 용수의 중론은 주관주의와 객관주의의 극단을 배격하는 중도middle way의 입장이라는 측면에서 메를로퐁티의 사

맥베스 부인이 남편과 공모해 국왕을 살해하기 전에
잠든 국왕을 지켜보고 있다(조지 캐터몰, 1850년).

상과 맞닿아 있다고 볼 수 있다.

『몸의 인지과학』에서 메를로퐁티와 용수가 언급된 이유는 자명하다. 인지가 몸과 환경의 상호작용을 통해 발생한다는 것, 다시 말해 "인지는 감각운동 능력을 지닌 신체를 통해 나타나는 경험에 의존하는 것"임을 설명할 필요가 있었기 때문일 터이다.

신체화된 인지 이론은 이를 뒷받침할 만한 과학적 증거가 없어 한때 조롱거리가 되기도 했지만 1990년대 후반부터 여러 사례가 발표되었다. 대표적인 연구 성과는 맥베스 효과Macbeth effect의 발견이다. 윌리엄 셰익스피어의 『맥베스Macbeth』에서 맥베스 부인은 남편과 공모하여 국왕을 살해한 뒤 손을 씻으며 "사라져라. 저주받은 핏자국이여"라고 중얼거린다. 그녀의 손에는 피가 묻어 있지 않았지만 손을 씻으면 죄의식도 씻겨 내려간다고 여겼는지 모른다. 캐나다의 종첸보와 미국의 캐티 릴렌퀴스트는 실험에 참가한 학생들에게 윤리적 행위나 비윤리적 행위를 했던 과거를 회상하도록 했다. 그리고 W□□H와 S□□P를 완성하게 했다. 실험 결과 비윤리적 행위를 떠올린 학생들은 W□□H를 가령 WISH가 아니라 WASH, S□□P를 STEP이 아니라 SOAP처럼 몸을 씻는 행위와 관련된 단어로 완성할 가능성이 윤리적 행위를 회상한 학생들보다 더 높게 나타났다. 비윤리적 행위를 떠올린 학생들은 자신의 마음이 더럽혀졌다고 느꼈기 때문에 비누로 손을 씻으면 마음도 깨끗해진다고 여긴 것으로 볼 수 있다. 이러한 맥락에서 실험 결과는 '맥베스 효과'라고 명명되었으며, 2006년 국제학술지 〈사이언스〉 9월 8일자에 발표되었다. 맥베스 효과는 마음이 윤리와 같은 추상적 개념을 이해할 때 몸의 도움을 받는 증거로 받아들여지고 있기 때문에, 몸이 마음의 인지 기능에 영향을 미친다는 주장을 뒷받침한다고 볼 수 있는 것이다.

신체화된 인지 이론에 동의한다면 실생활에 활용할 만도 하다. 2011년 격월간 〈사이언티픽 아메리칸 마인드〉 1, 2월호에 따르면 가령 상거래를 할 때 상대에게 차가운 음료보다 뜨거운 커피를 마시게 하면 따뜻한 느낌을 갖게 되어 계약을 성사시킬 확률이 높아진다. 따뜻함과 같은 신체의 감각이 마음의 인지와 무관하지 않음을 보여주는 증거인 셈이다. 이처럼 몸의 순간적인 느낌이나 사소한 움직임이 사회적 판단이나 문제해결 능력에 영향을 미치는 사례는 일상생활에서 손쉽게 찾아낼 수 있다. 그러니까 사람의 몸을, 뇌에 정보를 입출력하는 주변장치로만 볼 수 없다는 주장이 설득력을 지니게 된다.

(2013년 6월 30일)

따뜻한 기술
사람 눈높이의 사회적 기술

선진국의 정보 기술 독점을 앞장서 쟁점화한 미국의 과학자는 MIT의 컴퓨터과학연구소를 23년 동안 이끈 마이클 더투조스이다. 1999년 더투조스는 전화기나 자동차처럼 누구나 쉽게 사용할 수 있는 컴퓨터를 개발하는 옥시전 프로젝트Oxygen project를 추진했다. 옥시전은 산소를 뜻한다. 더투조스는 우리가 마시는 산소처럼 옥시전 시스템이 널리 퍼져 누구나 컴퓨터를 마음대로 사용할 수 있는 세상을 꿈꾼 것이다.

1999년 세계 인구는 60억 명을 돌파했지만 통신망에 연결된 컴퓨터는 약 1억 대에 불과했다. 세계 인구의 1.7%를 밑도는 수치로, 정보 기술이 부자 나라에 의해 독점되고 있음을 보여주는 통계이다. 선진국은 정보 기술을 활용하여 갈수록 부자가 되지만 후진국은 속

수무책이었다. 이러한 디지털 양극화digital divide 상태가 지속되면 인류의 공존공영은 기대할 수 없다. 더투조스는 옥시전이 전 인류를 대상으로 개발될 것임을 천명하고 선진국의 정보 기술 독점에서 비롯되는 폐해가 옥시전으로 해결되기를 희망했다.

2001년 더투조스는 옥시전 프로젝트의 개념과 의의를 소개한 저서인 『미완의 혁명The Unfinished Revolution』을 펴냈다. 그는 오늘날처럼 사람이 컴퓨터의 기능에 맞추는 것이 아니라, 옥시전 프로젝트처럼 컴퓨터를 사람의 능력에 맞추는 '사람 중심의 컴퓨터human-centered computer'가 개발되지 않으면 정보 기술을 제대로 활용할 수 없기 때문에 정보 혁명은 미완의 상태라고 강조하였다. 더투조스는 이 책을 펴내고 얼마 뒤에 세상을 떠났다. 향년 64세.

선진국과 개발도상국 사이의 디지털 격차를 해소하기 위해 발 벗고 나선 또 다른 과학자는 MIT 미디어연구소의 설립자인 니컬러스 네그로폰테이다. 2005년 네그로폰테는 가난한 나라의 어린이들에게 컴퓨터를 공짜로 나누어주기 위해 오엘피시OLPC 재단을 설립했다. OLPC는 'One Laptop Per Child(어린이 한 명에게 랩톱컴퓨터 한 대씩)'의 약자이다. 오엘피시 재단은 열악한 환경에서도 작동하는 100달러짜리 컴퓨터를 대량생산하여 아프가니스탄, 이라크, 아이티처럼 전쟁이나 재난을 겪은 나라를 포함해서 남아메리카, 아프리카, 아시아의 개발도상국 어린이들에게 공짜로 제공했다. 2011년 말까지 300만대 가량의 컴퓨터가 40여 개 지역의 어린이에게 25개 언어로 무상 보급되었다. 후진국의 어린이들이 이 컴퓨터로 인터넷을 사용할 수 있으

아프리카 르완다 어린이들이 OLPC재단이
무상보급한 컴퓨터를 사용하고 있다.

므로 선진국과의 디지털 격차를 좁히는 데 보탬이 될 것 같다.

더투조스와 네그로폰테는 기술과 휴머니즘(인본주의)의 융합을 통해 기술 발전의 열매가 가난한 사람들에게도 골고루 제공되는 방안을 모색했다고 평가될 수 있다. 이를테면 정보 기술이 인본주의와 융합하여 인류의 삶을 윤택하게 해주는 이른바 '따뜻한 기술friendly technology'이 되기를 소망했다고 볼 수 있다.

따뜻한 기술은 한마디로 사람의 눈높이에 맞추어 삶의 질을 끌어올리는 사회적 기술이다. 기술의 발전에도 불구하고 혜택을 받지 못하는 아동·여성·노인·장애인 등 사회적 약자, 농어촌 수민·서소득

층·다문화가정 같은 소외계층, 희귀병 환자처럼 고통 받는 사람들, 궁핍한 생활을 하는 북한 동포와 제3세계 주민이 따뜻한 기술의 수혜 대상으로 분류될 수 있다.

제3세계에 보급된 따뜻한 기술의 상징적 사례로는 영국 회사인 프리플레이 에너지Freeplay Energy의 라디오를 꼽을 수 있다. 1994년 설립된 이 회사는 전지 대신 크랭크로 전력이 공급되는 휴대용 전자제품을 판매한다. 골동품 가게에서 가끔 제트(Z)자 꼴로 굽은 크랭크를 돌려 시동을 거는 축음기를 볼 수 있다. 초기의 자동차도 물론 크랭크로 발동을 걸었다. 그러나 오늘날 장난감조차 태엽 장치로 움직이는 것은 찾아보기 어렵다.

1991년 영국의 한 발명가는 전력 공급도 원활하지 못하고 전지를 살 돈도 없는 아프리카 사람들을 위해 크랭크로 전기를 조달하는 라디오를 고안했다. 원리는 단순하다. 크랭크로 강철 스프링을 뚤뚤 감는다. 스프링이 풀리면서 전동장치(기어)가 발전기를 구동하면 라디오에 동력을 공급하는 전기가 발생한다. 이 라디오를 제작하는 프리플레이는 아프리카의 가난한 사람들에게 수천 대를 기증하여 에이즈 퇴치 방법, 일기예보, 이산가족 찾기, 지뢰 매설 위치에 관한 정규 방송을 들을 수 있도록 배려했다. 사람의 손으로 전류를 발생시키는 참으로 원시적인 기술이 참으로 원시적인 생활을 하는 사람들에게 따뜻한 구원의 손길을 내민 친구가 되어준 셈이다.

프리플레이의 라디오는 적정 기술appropriate technology의 한 가지 사례이다. 적정 기술은 '현지에서 구한 재료로 소규모의 사람들이 생산

할 수 있으며, 누구나 쉽게 배워서 사용할 수 있고, 에너지가 많이 필요하지 않은 환경친화적인 기술'이라고 정의된다.

적정 기술의 원조는 인도의 민족주의 지도자인 마하트마 간디 (1869~1948)이다. 간디는 스스로 물레를 돌려 옷을 만들어 입을 정도로 소규모의 전통 기술을 중요하게 여겼다. 인도를 식민 통치하던 영국은 직물을 대량생산하는 기술을 들여왔다. 이런 상황에서 간디는 영국의 대량생산 기술이 대다수 민중을 희생하여 소수에게만 특혜를 주게 되므로 인도 사람은 빈곤에서 벗어날 수 없다고 주장했다. 그는 마을 중심의 전통 기술이 지역 경제의 자급자족에 필수적임을 설파하는 사회 운동을 펼쳐 적정 기술의 씨앗을 뿌린 최초의 인물로 역사에 기록된다.

간디에 이어 적정 기술의 이론을 처음으로 확립한 독일 출신의 영국 경제학자인 에른스트 슈마허(1911~1977)는 적정 기술의 아버지라 불린다. 1973년 그가 펴낸 『작은 것이 아름답다Small is Beautiful』는 1970~80년대에 적정 기술 운동이 전 세계적으로 전개되게끔 촉매 역할을 톡톡히 했다.

제3세계 국가의 주민들을 위해 개발된 적정 기술은 의식주는 물론 보건, 교통, 통신 분야에까지 광범위하게 적용되고 있다. 예컨대 MIT에서는 전기 대신 인력으로 돌아가는 세탁기인 바이슬아바도라 bicilavadora, 곧 '자전거 세탁기'를 개발했다. 이 세탁기는 드럼통이 자전거 바퀴 안에 들어가 있어 어린이도 발로 페달을 밟아서 돌릴 수 있다. 전기가 들어오지 않는 오지 마을 여인네들은 발로는 페달을

제3세계에 보급된 따뜻한 기술의 상징적 사례들.
프리플레이의 라디오, 라이프스트로, 바이슬아바도라.

밟아서 바이슬아바도라를 돌려 빨래를 하고 동시에 손으로는 뜨개질을 하는 것으로 알려졌다.

스위스의 사회적 기업이 개발한 개인용 정수기인 라이프스트로 LifeStraw, 곧 '생명의 빨대'는 식수를 확보하기 어려운 지역의 사람들에게 큰 도움이 된다. 이름 그대로 빨대처럼 생긴 이 장치에 입을 대고 더러운 물을 빨아 마시면 세균, 바이러스, 기생충 따위가 99.9%까지 걸러진다. 길이 31cm에 지름 30mm인 원통형의 빨대 통 안에 정수 여과장치가 들어 있어 빨대 하나로 1000L의 물을 정화할 수 있다. 이는 한 사람이 일 년 동안 마실 물의 양에 해당한다. 라이프스트로는 가격이 비싸 가난한 사람들이 구입하기에는 부담스러워 국제적인 자선단체들이 무상으로 오지나 재난 지역 주민들에게 나누어 주고 있다.

라이프스트로는 2007년 미국 뉴욕에서 열린 '소외된 90%를 위한 디자인Design for the Other 90%' 전시회의 포스터에 등장해서 더욱 유명해졌다. 이 전시회를 계기로 그동안 산업디자인의 혜택을 충분히 받지 못했다고 여겨지는 90%의 소외계층을 위한 작품 활동이 요구된다는 문화 운동이 전개되었다.

또한 20세기 말에 열기가 사그라졌던 적정 기술에 대한 관심도 다시 살아나게 되었다. 사회 공헌 디자인 또는 나눔 디자인이라고 불리는 이른바 '착한 디자인' 운동이 제3세계 사람들을 위한 적정 기술 작품을 쏟아냈기 때문이다. 가령 아프리카에서 초음파를 발생시켜 모기를 퇴치하는 장치나 인도에서 연탄가스 중독을 줄이기 위해 재래식 아궁이를 개선한 조리 기구는 착한 디자인이 적정 기술의 다른 이름임을 보여준다.

착한 디자인 운동이 세계적 추세가 됨에 따라 국내 디자인 전문가들도 이런 흐름에 적극적으로 동참하여 국제적 권위를 지닌 디자인상을 여러 차례 수상하기도 했다. 이런 의미에서 따뜻한 기술은 착한 디자인 운동을 통해 벌써 우리 사회에 뿌리를 내리기 시작했다고 보아도 무방할 것 같다.

따뜻한 기술은 아직 정책 연구 단계에 머물러 있는 실정이다. 따라서 2012년 8월 한국공학한림원이 차기 정부가 중점적으로 추진해야 할 정책 과제를 도출하기 위해 마련한 정책 총서인 〈대한민국의 새로운 50년, 과학 기술로 연다〉에서 따뜻한 과학 기술의 중요성을 언급한 점은 높이 평가할 만하다. 왜냐하면 2013년 체제의 시대정신으로 자리 잡은 복지 사회 구현을 위해 과학 기술이 감당해야 할 역할이 매우 중요하다고 여겨지기 때문이다.

과학 기술이 한국 사회의 보편적 복지에 기여하기 위해서는 무엇보다 과학 기술의 수혜 측면에서 불평등 또는 양극화 문제를 해소하지 않으면 안 될 것이다. 이를테면 따뜻한 기술이 정부 차원에서 육성되어 고령자와 장애인 등 사회적 약자의 일자리를 창출하여 따뜻한 사회가 실현됨과 아울러, 개발도상국의 사회문제 해결에 필요한 기술혁신을 촉진하는 공적개발원조ODA 사업도 추진하여 대한민국의 국격이 제고되어야 할 것 같다.

이런 맥락에서 따뜻한 기술과 착한 디자인에 대한 한국 사회의 관심을 불러일으키기 위해 2012년 10월 국내 전문가 23명이 함께 펴낸 『따뜻한 기술』에서 이런 대목이 눈길을 끈다.

"따뜻한 기술의 목표는 단순히 복지의 실현에만 있는 것은 아니다. 기술 개발과 적용 그 모두가 사람 중심이 되는 지속 가능한 기술혁신을 통해 인간과 자연이 우선시되는 사회혁신을 이루고, 이를 토대로 지역 순환 경제를 활성화시켜 고용과 소득 창출에 대한 근본적인 해결책을 마련하는 데 더 큰 목표가 있다."(임성진 전주대학교 교수)

(2012년 10월 21일)

짝짓기의 심리학
짝짓기 지능이 세상을 구한다

"공작새 꼬리의 깃털을 바라볼 때마다 울화가 치밀어 오른다!"

진화생물학의 창시자인 찰스 다윈(1809~1882)은 왜 이런 푸념을 늘어놓았을까. 1859년 다윈이 발표한 자연선택이론으로는 공작새의 꼬리가 진화된 이유를 설명할 수 없었기 때문이다. 자연선택은 다윈과 같은 시대의 철학자인 허버트 스펜서(1820~1903)가 만든 용어인 '적자생존'으로 규정된다. 적자는 냉혹한 생존경쟁에서 살아남아 그들의 유리한 형질을 자신의 집단 속으로 퍼뜨리고 부적격자는 도태된다는 것이 자연선택이다.

공작새 수컷의 꼬리는 화려하고 길다. 화려한 빛깔은 포식자의 눈에 띄기 쉽고 긴 꼬리는 도망갈 때 장애가 된다. 이처럼 적자생존 측면에서 공작새 수컷에게 상당한 부담이 되는 꼬리가 진화한 것은 자연선택으로 설명되지 않는다. 이를 설명하기 위해 다윈은 성적 선택 sexual selection 개념을 발표하게 된다.

다윈은 수컷의 고환이나 암컷의 난소처럼 생식에 직접적으로 필요한 것은 1차 성징이라 부르고, 이러한 암수의 차이는 자연선택에 의해 진화된 것으로 설명했다. 그러나 남자의 수염처럼 한쪽 성에만 나타나는 2차 성징은 생식에 필요한 것이 아니므로 자연선택으로 설명할 수 없었다. 1871년 다윈은 이 딜레마를 해결하기 위해 성적 선택을 제안한 것이다. 2차 성징은 생존경쟁보다는 성적 선택의 과정에서 진화된 형질이라는 뜻이다.

성적 선택은 두 가지 방식으로 진행된다. 첫 번째 성적 선택은 암컷을 서로 차지하려는 수컷들 사이의 경쟁을 통해 일어난다. 사슴의 뿔이나 사자의 갈기는 이런 과정에서 출현한 형질이다. 사슴뿔은 암컷을 얻기 위한 싸움에서 무기로 사용된다. 성적 선택의 두 번째 형태는 수컷이 암컷의 관심을 끌어 짝짓기의 상대로 선택되는 방식이다. 이런 선택의 대표적인 보기는 공작 수컷의 꼬리이다. 암공작은 부챗살처럼 펼쳐진 현란한 꼬리 깃털에 매혹되어 수컷과 짝짓기를 한다. 요컨대 공작의 수컷이 생존에 별로 쓸모가 없는 우스꽝스러운 꼬리를 달고 다니는 것은 순전히 암컷 탓이다.

다윈에 의해 수컷 공작이 암컷에게 구애할 때 꼬리를 이용한다는 사실이 관찰됨에 따라 공작의 장식용 꼬리는 성적 선택의 상징이 되었다. 그러나 다윈은 암컷이 수컷의 긴 꼬리를 좋아하는 이유를 밝혀내지는 못했다.

성적 선택의 과정을 보여주는
사슴의 뿔과 공작 수컷의 꼬리.

공작 암컷이 수컷의 화려한 몸치장을 선호하는 이유를 가장 설득력 있게 설명한 사람은 이스라엘의 아모츠 자하비이다. 1975년 자하비는 '장애 이론handicap theory'을 제안했다. 장애(핸디캡) 이론에 따르면, 수컷 공작의 꼬리가 생존에 장애가 되면 될수록 암컷에게 보내는 신호는 그만큼 더 정직하다. 왜냐하면 긴 꼬리의 수컷이 장애가 있음에도 살아 있다는 사실은 암컷에게 수컷이 난관을 극복할 능력이 뛰어남을 확인시켜 주는 증거이기 때문이다. 수컷은 핸디캡으로 인한 대가를 치르면 치를수록 암컷에게 자신의 유전적 자질이 우수하다는 사실을 더 잘 알릴 수 있다는 뜻이다. 다시 말해 남보다 더 길고 화려한 깃털을 가진 수컷일수록 더 좋은 유전자를 갖게 마련이다. 따라서 수컷 공작의 꼬리는 장애가 되지 않을 때보다 장애가 될 때 더 빨리 진화하게 된다. 신체적 핸디캡이 결국 좋은 유전자를 갖고 있다는 사실을 정직하게 드러내는 방증이 될 수 있다는 자하비의 기발한 논리는 '정직이 최선의 전략'이라는 격언과 일맥상통하는 점이 없지 않다. 자하비의 장애 이론은 사람의 마음, 특히 과시적 소비 욕망이나 자선 심리를 설명하는 데 활용되고 있다.

과시적 소비conspicuous consumption라는 개념을 최초로 내놓은 인물은 노르웨이 출신의 미국 경제학자인 소스타인 베블런(1857~1929)이다. 1899년 펴낸 『유한계급이론The Theory of the Leisure Class』에서 베블런은 도시의 소비자들이 비싼 사치품으로 장식해 자신의 재력을 과시하려는 성향이 농후하다고 주장했다. 상대방이 얼마나 부유한지를 직접적으로 알 수 없는 상황에서는 과시적 소비만이 신뢰할 만한 재력의 지표가 된다는 뜻이다.

미국의 진화심리학자인 제프리 밀러는 2000년에 펴낸 『짝짓기 하는 마음The Mating Mind』에서 과시적 소비에 해당하는 생물학의 개념은 자하비의 장애 이론이라고 주장했다. 수컷의 긴 꼬리는 생존에 장애가 됨에도 불구하고 짝짓기를 위해 자신의 유전적 자질을 과시할 목적으로 진화된 '비용이 많이 드는 신호costly signal'라는 것이다. 이런 맥락에서 인간의 낭만적인 사랑도 필연적으로 과시적 소비의 측면이 있다. 상대의 환심을 사기 위해 과도한 선물, 과도한 웃음 공세, 과도한 외모 가꾸기를 하기 때문이다. 이런 낭비는 자연선택이론의 적자생존 관점에서는 어리석은 행동일 따름이므로 성적 선택 이론이 아니면 설명될 수 없다고 밀러는 주장한다.

또한 2009년 5월 펴낸 『소비Spent』에서 밀러는 미국 사회의 소비문화를 성적 선택으로 분석해 눈길을 끌었다. 밀러는 미국인들이 지방대학교보다 10만 달러나 더 비용이 드는 하버드대학교의 졸업장을 따내려고 안달하고, 보통 자동차보다 2만 5000달러나 더 비싼 BMW를 선호하는 까닭은 짝짓기 승부에서 유리한 입장이 되고 싶어 하기 때문이라고 해석했다. 하버드대학교 졸업장이나 BMW는 수컷 공작의 장식용 꼬리인 셈이다.

밀러는 『짝짓기 하는 마음』에서 사람이 기부를 하거나 선심을 베푸는 자선 심리를 과시적 소비 개념으로 분석했다. 미국의 사업가인 존 록펠러(1839~1937)는 돈을 벌 때는 피도 눈물도 없이 악착같았지만 사회를 위해 아낌없이 베풀었다. 그렇다면 록펠러와 같이 자수성

미국인들의 성적 선택의 결과물로 여겨지는
하버드대학교와 BMW의 자동차.

가한 인물이 피 한 방울 섞이지 않고 물질적 보답도 기대하기 어려운
불특정 다수를 위해 고생해서 번 돈을 선뜻 기부하는 이유가 궁금하
지 않을 수 없다. 밀러는 자선 심리가 진화된 이유를 설명하기 위해
"록펠러 재단은 록펠러에게 공작새의 꼬리와 같다"는 비유를 사용했
다. 인간의 자선 행위가 성적인 과시 본능에서 진화되었다는 뜻이다.
자선 행위를 또 다른 형태의 과시적 소비로 본 셈이다. 2007년 〈인
성과 사회심리학 저널〉 7월호에 발표한 논문에서 밀러는 자선 행위
를 일종의 '비용이 많이 드는 신호'라고 분석하고, '노골적 자선blatant
benevolence'이라고 명명했다. 노골적 자선은 '경쟁적 이타주의competitive
altruism'라는 개념으로 설명되기도 한다. 인간은 가족을 위해, 또는 상
호주의 원칙에 따라 이타적 행동을 하지만 사회적 평판을 획득하기
위해 경쟁적으로 남을 도울 줄도 안다는 것이 경쟁적 이타주의이다.

밀러와 함께 성적 선택 개념으로 인간의 지능을 분석하는 대표적인 인물은 미국의 사회심리학자인 글렌 게어이다. 2006년 게어는 '짝짓기 지능mating intelligence'이라는 용어를 만들었다. 이 용어는 '인간의 짝짓기 전략, 성적 욕구, 남녀의 애정 형성 등에 적용되는 인지 과정'을 의미한다.

짝짓기 지능은 사회 지능 및 정서 지능과 깊은 관련이 있다. 사회 지능은 타인을 믿음과 욕망을 가진 존재로 이해하는 능력을 뜻한다. 한편 정서 지능은 타인의 정서를 지각하고 이해하여 자신의 사고와 행동에 보탬이 되도록 활용하는 능력을 뜻한다.

2007년 게어는 격월간 〈현대 심리학Psychology Today〉 1월호에 기고한 에세이에서 짝짓기 지능을 측정하는 방법을 제안했다. 남녀 각각에 대해 24개 항목의 설문을 작성하도록 한다. 가령 남자에게는 "나는 아름다운 여자 여러 명과 잠을 잤다" 또는 "여자가 나에게 관심이 있는지 알아내는 재주가 뛰어나다" 등의 항목을, 여자에게는 "내 또래의 여자보다 훨씬 젊어 보인다" 또는 "남자를 만난 지 얼마 안 되어 섹스를 하면 그가 내 곁을 떠날지도 모른다는 것을 잘 알고 있다" 같은 항목을 제시한다. 각 항목에 1점이 주어지므로 만점은 24점이다. 평균적으로 남자는 12.3점, 여자는 10.5점을 획득하는 것으로 조사되었다. 이를테면 남자가 여자보다 짝짓기 지능이 다소 높은 것으로 밝혀진 셈이다.

2007년 7월 게어와 밀러는 짝짓기 심리를 연구하는 학자들의 논문 16편을 엮은 『짝짓기 지능Mating Intelligence』을 펴냈다. 이 책에서 두 사람은 짝짓기 지능의 진면목을 보여준 사례로 빌 클린턴 미국 대통령의 성추문 사건을 손꼽았다. 1995년 클린턴은 백악관 집무실에서 대낮에 임시 직원인 모니카 르윈스키와 야릇한 성행위에 탐닉했는데, 이 사건이 1997년 12월 공개되어 정치적으로 궁지에 몰렸다. 1995년 당시 클린턴 대통령은 49세, 부인 힐러리는 48세, 르윈스키는 22세였다. 르윈스키는 젊어서 자식을 여러 명 낳을 수 있을 테지만 힐러리는 폐경이 임박한 상태였다. 두 여인은 정치사회적 측면에서 상대가 될 수 없었지만 오로지 임신 능력 측면에서만은 르윈스키가 힐러리를 압도한 셈이다. 요컨대 중년 사내가 폐경기를 앞둔 아내 몰래 풋풋한 아가씨와 놀아난 사건이기 때문에 클린턴은 도덕적 비난을 면키 어렵지만 짝짓기 지능의 연구 대상이 될 만한 인물로 여겨진다.

2013년 1월 게어는 『짝짓기 지능 해방되다Mating Intelligence Unleashed』를 펴내고, 짝짓기 지능이 높은 사람일수록 사회생활을 잘할 수 있으므로 미국의 학교에서 성교육 대신 짝짓기 교육을 할 것을 주문했다. 청소년들에게 생식기관의 구조, 콘돔 사용법, 성병의 종류 따위를 가르치는 성교육도 물론 중요하지만 짝짓기에 대한 이해 없이 섹스만 배우는 것은 불충분하므로 짝짓기 심리도 교육 과정에 포함시켜야 한다는 것이다. 짝짓기 교육을 통해 이상적인 짝을 만나는 방법을 알게 되면 행복한 가정생활을 꾸려나가는 데 큰 보탬이 될 것임에 틀림없다.

게어는 이 책의 끄트머리에서 "짝짓기 지능이 높은 남자일수록 여성에 대한 정서적 유대감이 강하기 때문에 여성을 성적으로 학대하거나 강간하거나 또는 폭력을 휘두를 가능성이 낮아진다"면서 "짝짓기 지능이 세상을 구한다"는 담대한 결론을 내렸다.

(2013년 11월 3일)

지적 사기 논쟁
과학과 인문학의 어설픈 융합은
오류를 낳는다

21세기 들어 학문 분야 전반에 걸쳐 융합 바람이 거세게 몰아치면서 인문학과 과학 기술의 경계를 가로지르는 학제 간 연구가 활발히 전개됨에 따라 과학전쟁science wars이 발발할 개연성도 갈수록 높아지고 있는 것 같다.

과학전쟁이란 과학철학과 과학사회학 분야의 이론가들이 과학 지식은 객관적인 진리가 아니며 사회문화적 조건의 영향을 받는다고 주장한 것이 빌미가 되어 과학 지식의 본질을 놓고 자연과학자와 인문학자 사이에 전쟁을 하듯 주고받는 논쟁을 가리킨다.

20세기 중반에 과학의 본질을 비판하기 시작한 집단은 과학철학과 포스트모더니즘 계열의 학자들이다. 미국의 토머스 쿤과 오스트리아의 폴 파이어아벤트 같은 과학철학자들은 과학적 지식은 사회문화적 조건의 영향에서 자유로울 수 없기 때문에 과학에 객관적 방법론이 존재한다고 믿는 것은 잘못이라고 주장했다. 쿤(1922~1996)은 1962년 펴낸 『과학혁명의 구조The Structure of Scientific Revolutions』에서 과학의 진보는 누적적으로 이루어지는 것이 아니라 패러다임의 변환을 통해 혁명적으로 성취된다고 주장했다. 한 시대의 과학자 사회가 채택한 가설·법칙·이론·개념을 통틀어 패러다임이라 명명했다. 따라서 과학에 관한 지식은 본질적으로 어느 한 집단의 공통된 속성일 따름이라는 것이다.

과학적 지식을 이해하려면 그것을 만들어내는 집단의 특성을 알아야 한다는 쿤의 상대주의를 계기로 과학철학은 합리주의와 상대주의의 두 진영으로 나뉘게 되었다. 합리주의는 과학 이론의 상대적 장점을 평가할 수 있는 유일한 보편적 기준이 있다고 주장하는 반면, 상대주의는 그러한 기준의 존재를 인정하지 않는다. 상대주의는 과학 이론의 우월성을 판단하는 문제는 전적으로 개인이나 공동체에 달린 문제라고 생각한다. 요컨대 개인과 공동체의 가치 판단에 따라 진리 탐구의 목표가 달라진다는 것이다.

상대주의적 과학관을 극단적으로 강화한 인물은 파이어아벤트(1924~1994)이다. 1975년 펴낸 『방법에의 도전Against Method』에 따르면 과학은 특정한 도덕적·정치적·사회적 맥락에 위치한 사회적 제도이므로 과학이 보편적인 규칙에 따라 진행되어야 한다고 생각하는 것은 비현실적이며, 한 가지 있을 수 있는 방법론적 규칙이 제시되어야 한다면 그것은 '어떻게 해도 무방하다anything goes'는 규칙이다.

과학 연구에 있어 일반적 원리나 일정한 방법은 있을 수 없다는 뜻이다. 말하자면 과학은 기본적으로 무정부주의적인 것이다.

파이어아벤트의 과학관은 포스트모더니즘 이론가들에게 영향을 미쳤다. 프랑스의 포스트모더니즘 학자들, 예컨대 자크 데리다(1930~2004)는 과학 언어의 해체를 통해 객관성의 기준이 없다는 것을 발견했다고 주장하면서 과학을 하나의 신화 체계로 간주했다.

이와 같이 과학철학과 포스트모더니즘의 이론가들은 과학을 신화 또는 사회적 구성물로 여기는 문화적 상대주의의 입장을 견지하면서, 과학이 불변의 객관성을 지니고 있다는 합리주의에 도전한 것이다.

1990년대 들어 과학자들은 인문학자들의 상대주의에 대해 반격을 시도한다. 이른바 과학전쟁이 본격적으로 불붙기 시작한 계기는 1994년 미국의 생물학자인 폴 그로스와 수학자인 노먼 레빗(1943~2009)이 함께 펴낸『고등 미신Higher Superstition』에서 과학의 객관성에 의문을 제기한 사람들을 싸잡아 공격한 것이다. 이 책의 부제는 '학문적 좌익academic left과 그들의 과학과의 싸움'이다. 저자들은 사회구성주의자, 포스트모던 과학자, 페미니스트, 급진적 환경론자들을 학문적 좌익으로 규정하고 이들의 과학에 대한 무지와 적대적 태도를 맹공했다.

『고등 미신』에서 비판받은 인사들이 가만있을 리 만무하다. 1996년 봄 포스트모더니즘 계열의 학술지인〈소셜 텍스트Social Text〉는 한 호를 몽땅 이들의 반론으로 채우고 처음으로 '과학전쟁'이라는 용어를 만들어 특별호 제목으로 삼았다. 잡지의 맨 끝에는 미국의 물리학자인 앨런 소칼의 논문이 붙어 있었다. 소칼의 글은 포스트모더니즘과 사회구성주의를 지지하는 이론을 장황하게 늘어놓았다.

〈소셜 텍스트〉 발간 직후 뜻밖의 사건이 터진다. 소칼이 인터뷰에서 자신의 논문은 날조된 것이라고 폭로했기 때문이다. 포스트모더니즘 이론가들의 과학에 대한 이해와 주장이 허구임을 입증하기 위해 엉터리 논문을 기고했노라고 털어놓은 것이다. 〈소셜 텍스트〉 측이 조작된 논문인 줄 모르고 자신들과 같은 상대주의적 입장이라는 이유만으로 게재할 만큼 과학에 무지몽매한 사실을 만천하에 폭로하고 싶었다는 해명이었다. 미국의 과학저술가인 마틴 가드너 (1914~2010)의 표현처럼 '소칼의 유쾌한 속임수Sokal's hilarious hoax'는 서구 언론에 대서특필되어 과학전쟁에 대해 지식인은 물론 일반인까지 관심을 갖게 되었다.

1997년 10월 소칼은 여세를 몰아 프랑스어로 집필한 『지적 사기 Impostures Intellectuelles』를 펴내고 1998년 12월 『유행하는 난센스Fashionable Nonsense』라는 제목으로 영어판을 내놓았다. 영어판의 부제는 '포스트모던 사상가들의 과학 남용'이다. 이 책은 데리다(철학)를 비롯해 질 들뢰즈(철학), 자크 라캉(심리학), 장 보드리야르(사회학), 줄리아 크리스테바(기호언어학), 뤼스 이리가레이(페미니즘), 펠릭스 가타리(심리분석학) 등 기라성 같은 포스트모더니즘 학자들의 글쓰기를 문제 삼았기 때문에 프랑스 지성계가 발칵 뒤집혔다. 소칼은 이들이 하찮은 지식을 과시하기 위해 의미도 모르는 과학 개념을 멋대로 남용하면서 이해할 수 없는 모호한 주장을 펼쳐 학문을 우롱하는 사기극을

과학전쟁의 주역들. 자크 데리다와
앨런 소칼.

벌이고 있다고 비난했다. 인문학을 이끌고 있는 당대의 핵심 이론가들을 통틀어 사기꾼으로 몰아붙인 것이다. 이를테면 과학에서 나온 이론과 개념을 인문사회과학에 융합하면서 뻔뻔스럽게 제멋대로 사용하고 있다고 공격한 셈이다.

소칼은 포스트모더니즘 이론가들의 글에서 과학의 개념과 용어가 남용된 사례를 다음과 같이 요약했다.

- 막연하게밖에 모르는 과학 이론을 장황하게 늘어놓는다.
- 자연과학에서 나온 개념을 인문학이나 사회과학에 도입하면서 최소한의 개념적 근거나 경험적 근거도 밝히지 않는다.
- 완전히 동떨어진 맥락에서 전문용어를 뻔뻔스럽게 남발하면서 어설픈 학식을 드러낸다. 그 의도는 뻔하다. 과학에 무지한 독자에게 깊은 인상을 남기고 무엇보다도 겁을 주려는 것이다. 일부 학자와 언론은 그 덫에 빠져들고 있다.
- 알고 보면 무의미한 구절과 문장을 가지고 장난을 친다. 일부 저자는 의미에 대해서는 철저히 무관심하면서 단어에만 외곬으로 빠져드는 심각한 중독 증세를 보이기도 한다.
- 이런 저자들은 자신들의 과학적 능력에 비해 턱없이 강한 자신감을 가지고 발언한다.

이처럼 소칼은 문화적 상대주의의 도전으로부터 과학의 객관성을 옹호하기 위해 골리앗과 싸움을 벌인 다윗처럼 포스트모더니즘의 거물들에게 돌멩이를 던진 것이다.

『지적 사기』 논쟁은 국내 학계로서는 강 건너 불일는지 모른다. 인문학자와 과학 기술자가 상대방의 학문에 무관심한 풍토에서는 과학 전쟁이 일어날 리 만무하기 때문이다. 하지만 일부 과학자가 어설프게 인문학과의 융합을 시도하면서 거꾸로 인문학자가 과학자의 무지를 비판하는 이른바 '역逆과학전쟁'이 발발할 소지도 없지 않다. 대표적인 사례는 컨실리언스consilience에 대한 인문학자들의 공격이다.

컨실리언스는 '(추론의 결과 등의)부합, 일치'를 뜻하는 보통명사이다. 그런데 미국의 사회생물학자인 에드워드 윌슨이 1998년 펴낸 『컨실리언스』에서 생물학을 중심으로 모든 학문을 통합하자는 주장을 펼침에 따라 컨실리언스는 윌슨 식의 학문 통합을 의미하는 고유명사로 자리매김했다. 2005년 국내에 번역 출간된 이 책의 제목은 『통섭』이다. 번역자가 만들었다는 용어인 통섭에는 원효(617~686) 대사의 사상이 담겨 있다고 알려져 언론의 눈길을 끌었다. 일부 지식인은 윌슨 식의 지식 통합을 뜻하는 고유명사인 통섭을 인문학과 과학 기술의 융합을 의미하는 보통명사로 남용하는 범주 오류category mistake도 서슴지 않았다. 논리적으로 다른 범주에 속하는 사물을 같은 범주에 속하는 것으로 여길 때 발생하는 오류를 범주 오류라 이른다. 이런 상황에서 불교 사상에 조예가 깊은 시인으로 알려진 김지하가 통섭을 통렬하게 비판하여 역과학전쟁에 불을 붙였다.

2008년 10월 인터넷 신문인 〈프레시안〉에 연재한 고정칼럼에서 김지하는 통섭이 원효 스님의 사상과 무관한 용어라고 주장했다. 2009년

4월 펴낸 『촛불, 횃불, 숯불』에도 그대로 수록된 이 칼럼에서 김지하는 먼저 윌슨 식의 통합이론에 대해 다음과 같이 이의를 제기하였다.

"윌슨은 과학의 최첨단이 환원주의이고 그것은 곧 자연을 자연적 구성 요소들로 쪼개는 것이라고 한다. …… 과연 환원주의는 올바른 과학인가? 그것은 과연 개별적 차원에서 벌어지는 유기체의 원리들을 더 일반적·근본적 차원의 법칙과 원리로 전개시키는 심층적 과제를 담당할 수 있는가?"

이어서 김지하는 원효가 저술한 『대승기신론소大乘起信論疏』를 인용하면서 윌슨의 통합이론과 원효의 불교 사상은 아무런 관련성이 없다고 주장했다.

이 칼럼의 논지에 동의하건 안 하건 김지하가 번역자에게 자신이 제기한 쟁점에 대해 답변해줄 것을 간곡히 당부한 대목에서는 고개를 끄덕이는 사람도 적지 않을 줄로 안다. 왜냐하면 동양학에 정통한 문인과 윌슨의 제자라는 번역자의 논쟁으로 한국 지식인 사회가 한결 풍성해지길 바라기 때문일 것이다. 더욱이 통섭이 대중적으로 널리 사용되고 있어 관련 학계에서는 이 논쟁의 귀추에 주목하고 있는 것으로 알려졌다.

아직까지 번역자 쪽이 침묵으로 일관하고 있어 아쉽긴 하지만 가까운 장래에 역과학전쟁이 치열하게 전개되어 인문학과 과학 기술 양쪽의 발전에 보탬이 되는 결실이 맺어질 것으로 믿어 의심치 않는다.

(2012년 12월 30일)

PART

뇌

CONVERGENCE

도덕적 딜레마

도덕적 시비 가리는 건
이성일까 정서일까

미국 하버드대학교의 정치철학자인 마이클 샌델의 『정의란 무엇인가Justice』는 2010년 5월 국내에 소개된 뒤 12개월 만에 100만 부가 팔렸다. 샌델은 "정의와 부정, 평등과 불평등, 개인의 권리와 공동선에 관해 다양한 주장이 난무하는 영역을 어떻게 이성적으로 통과할 수 있을까? 이 책은 그 질문에 대답하고자 한다"고 썼다. 그렇다면 한국 사회는 정의와 부정, 옳고 그름에 관해 고민해야 할 문제가 적지 않고 이러한 도덕적 딜레마를 해결하는 지혜를 얻기 위해 이 책을 많이 사본 것이라고 해석해도 되지 않을는지.

"젊은 어머니인 당신은 불행히도 전쟁 중인 나라에 살고 있다. 당신은 적군 병사의 눈을 피해 아기를 데리고 이웃들과 함께 지하실에 숨어 있다. 겁에 질린 아기가 울기 시작한다. 당신은 소리가 새어나가지 않도록 손으로 아기의 입을 막는다. 만일 당신이 손을 치우면 아기의 울음소리가 새어나가 그 소리를 들은 적군은 당신과 아기, 마을 사람들을 찾아내 모두 총살할 것이다. 그러나 당신이 손을 치우지 않으면 아기는 숨이 막혀 죽게 될 테지만 당신은 물론 마을 사람들의 목숨을 구하게 될 것이다."

이른바 '우는 아기 딜레마crying baby dilemma'이다. 이런 도덕적 딜레마는 두 개의 도덕 원칙이 서로 충돌할 때 발생한다. 하나는 아기를 질식사시키더라도 가능하면 많은 생명을 구해야 한다는 원칙이다. 이는 영국의 도덕철학자인 제러미 벤담(1748~1832)이 주창한 공리주의의 입장이다. 벤담에 따르면 공리, 곧 유용성utility이란 행복이나 쾌락을 가져오고, 고통을 막는 모든 것을 가리킨다. 따라서 공리를 극대화하는 모든 행위는 옳은 행위이다. 요컨대 벤담은 도덕적 행동이란 궁극적으로 '최대 다수의 최대 행복'을 제공하는 것이 목적이 되어야 한다고 주장한다. 다른 하나는 많은 사람을 살릴 수 있다고 하더라도 아기를 죽이는 것은 도덕적으로 옳지 못한 일이라고 여기는 원칙이다. 이는 독일의 철학자인 이마누엘 칸트(1724~1804)의 의무론적 입장이다. 칸트는 공리주의를 통렬하게 비판한다. 그는 도덕이란 행복의 극대화를 비롯한 어떤 목적과도 무관하며, 오로지 인간 그 자체를 목적으로 여기고 존중해야 하는 의무가 우리에게 있는 것이라고 주장한다.

최대 다수의 행복보다 의무를 우선시하는 칸트는 사람들이 경험보다 이성에 입각해서 도덕적 판단을 내린다고 생각한다. 1781년 칸트가 57세에 펴낸 첫 번째 주요 저서인 『순수이성비판』도 영국의 철학자인 데이비드 흄(1711~1776)의 경험론에 도전한 책이다. 흄은 1739년에 펴낸 최초의 저서인 『인간 본성론A Treatise of Human Nature』에서 도덕적 판단은 이성이 아니라 정서에 의해 이루어진다고 주장했다. 흄이 이성을 '열정의 노예slave of passion'라고 말할 정도로 공리주의자를 포함한 경험론자에게 이성은 전적으로 도구의 개념이었다. 그러나 흄의 주장은 이성에서 답을 찾는 칸트의 도덕철학에 의해 철저히 무시되었다. 다시 말해 서양철학에서 칸트가 차지하고 있는 막강한 비중 때문에 정서가 도덕적 판단에 개입할 수 없다는 쪽으로 결론이 나다시피 했다. 물론 19세기 후반에 일부 심리학자들이 플라톤 이래 이성을 앞세우고 정서를 무시하는 전통에 반기를 들긴 했지만 찻잔 속의 태풍으로 끝났다. 왜냐하면 1958년 미국의 심리학자인 로런스 콜버그(1927~1987)가 도덕 개발 단계에 관한 이론을 발표하면서 이성의 역할을 강조했기 때문이다. 한마디로 도덕철학에서 합리주의가 대세였다.

이러한 상황에서 반론을 제기한 대표적인 학자는 미국 버지니아 대학교의 심리학자인 조너선 하이트이다. 2001년 하이트는 계간 〈심리학 평론Psychological Review〉 제4호(10월)에 발표한 논문 〈정서적 개와 이성적 꼬리The Emotional Dog and Its Rational Tail〉에서 도덕적 판단에 대한 합리주의의 대안으로 '사회적 직관주의social intuitionism'를 제안했다. 이 논문의 첫머리에 다음과 같은 도덕적 딜레마가 소개된다.

"줄리와 마크는 남매이다. 대학생인 그들은 여름방학을 이용해 함

정의는 이성에 의해 판단된다는 이론과 감성에 의해 느껴진다는
주장이 맞서 있다. 그림은 루카 지오다노(1634~1705)의 〈정의〉.

께 프랑스로 여행을 떠났다. 어느 날 밤 두 사람은 바닷가 근처 오두막에서 단둘이 있게 된다. 그들은 한번 사랑을 나눠보면 흥미롭고 재미있을 거라는 결론에 도달한다. 최소한 서로에게 새로운 경험이 될 것이라고 여겼다. 줄리는 이미 피임약을 복용하고 있었지만 마크 역시 안전을 위해 콘돔을 사용했다. 두 사람 모두 섹스를 즐겼지만 두 번 다시 하지 않기로 합의한다. 그리고 그날 밤의 일을 특별한 비밀로 간직하였으며 그로 인해 서로 더욱 가까워졌음을 느낀다. 여러분은 이 일에 대해 어떻게 생각하는가? 남매는 성교를 해도 괜찮았겠는가?"

이어서 하이트는 이 이야기에 대한 사람들의 반응을 다음과 같이 나열했다.

"이 이야기를 듣는 사람들은 대부분 남매가 섹스를 하는 것은 잘못이라고 즉각 말한다. 그렇게 말한 다음에 사람들은 그 이유를 찾기 시작한다. 사람들은 근친교배의 위험성에 대해 지적한다. 그러나 줄리와 마크는 이중의 피임 조치를 취했다. 사람들은 줄리와 마크가 마음의 상처를 입을 것이라고 주장한다. 그러나 이 이야기에서도 분명히 드러나듯이 남매는 아무 상처도 입지 않았다. 결국 많은 사람은 다음과 같이 말한다. '모르겠어요. 왜 잘못되었는지 설명을 못 하겠어요. 다만 그것이 잘못되었다는 것만은 알아요'라고."

하이트는 근친상간이 분명히 부도덕한 행위라고 느끼면서도 그 이유를 선뜻 설명하지 못하는 반응을 '도덕적 말문 막힘moral dumbfounding'이라고 명명하고, 이런 반응은 사람들이 도덕적으로 잘못된 이유를 얼른 떠올리지 못하면서도 잘못된 사실만은 곧바로 판단할 수 있는 능력을 갖고 있음을 보여주는 증거라고 주장했다. 요컨대 사람은 칸트나 콜버그 같은 합리주의의 주장처럼 전적으로 이성에 의해 도덕적 판단을 하는 것이 아니라 직관에 의해 먼저 옳고 그름을 판단한다는 것이다. 하이트는 도덕적 판단에서 이성의 역할을 평가절하하고 사회적 영향을 받는 직관의 중요성을 강조하기 때문에 자신의 이론을 '사회적 직관주의 모델SIM'이라고 명명했다. 하이트는 논문의 끄트머리에서 "도덕적 정서와 직관이 마치 개가 그 꼬리를 흔드는 것처럼 도덕적 이성을 조종한다는 흄의 명제를 다시 생각해볼 때"라고 썼다. 논문 제목에서 개의 몸통을 정서에, 이성은 꼬리에 비유한 이유를 알 것도 같다.

도덕적 판단에서 정서의 역할이 중요하다는 사실은 뇌 연구에 의해서도 확인되었다. 하버드대학교의 심리학자인 조슈아 그린은 사람들이 트롤리 문제trolley problem의 딜레마에 대처하는 심리 상태를 연구했다. 트롤리는 손으로 작동되는 수레이다. 트롤리 문제는 두 개의 시나리오로 구성된다.

하나는 트롤리의 선로를 변경하는 시나리오이다. 트롤리가 달리는 선로 위에 다섯 명이 서 있다. 트롤리가 그대로 질주하면 모두 죽게 된다. 트롤리의 선로를 바꿔 주면 모두 살릴 수 있다. 하지만 다른 선로 위에 한 사람이 서 있다. 트롤리의 선로를 변경하면 그 사람은 죽을 수밖에 없다. 다른 하나의 시나리오는 트롤리 앞으로 한 사람을 밀어넣는 것이다. 선로 위의 다섯 명을 구하기 위해 사람의 몸

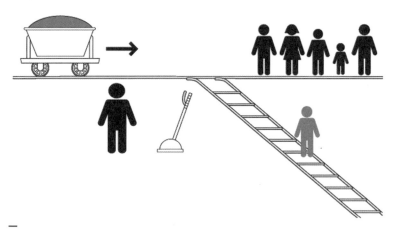
'트롤리 문제'의 딜레마를 말해주는 그림.

으로 트롤리를 가로막아 정지시키는 경우이다. 두 시나리오는 트롤리를 저지하는 방법이 다르긴 하지만 다섯 명을 살리기 위해 한 사람을 희생시킨다는 점에서는 매한가지이다.

조슈아 그린의 연구 결과, 실험 대상자 거의 모두가 첫 번째 시나리오에는 공감했으나 두 번째 시나리오는 반대하는 것으로 나타났다. 다섯 명을 살리기 위해 트롤리의 선로를 바꿀 수는 있어도 트롤리 앞으로 사람을 떠밀어 죽게 할 수는 없다고 대답한 것이다. 결과가 똑같은 두 시나리오 중에서 한 개는 동의하고 다른 하나는 거부하는 이유를 알아보기 위해 그린은 실험 대상자들의 뇌 속을 기능성 자기공명영상fMRI 장치로 들여다보았다.

첫 번째 시나리오의 경우 배외측전전두피질DLPFC: dorsolateral prefrontal cortex의 활동이 증가했다. 이 부위는 우리가 사고와 판단을 할 때 반드시 활성화되는 뇌 영역이다. 두 번째 시나리오에는 복내측전전두피질VMPFC: ventromedial PFC이 활성화되었다. 이 부위는 공감·동정·수치·죄책감 같은 사회적 정서 반응과 관련된다. 요컨대 두 번째 시나리오가 첫 번째 시나리오보다 더 강력하게 정서와 관련된 영역을 활성화하는 것으로 나타난 셈이다.

2001년 그린은 국제학술지 〈사이언스〉 9월 14일자에 발표한 논문에서 이성이 도덕적 판단을 지배한다는 대다수 철학자의 주장과 달리 감성이 상당히 중요한 역할을 한다고 주장했다. 정서가 예상외로 도덕적 판단에 지대한 영향을 미친다는 사실을 과학적으로 밝혀낸 최초의 연구 성과로 평가된다.

그린은 트롤리 딜레마에서 뇌의 인지 영역과 정서 부위가 모두 활성화된다는 연구 결과를 토대로 조너선 하이트의 사회적 직관주의 이론을 비판하는 논문을 발표했다. 2010년 그린은 월간 〈인지과학의 논제Topics in Cognitive Science〉 7월호에 실린 논문에서 하이트처럼 도덕적 판단에서 정서와 직관의 역할을 지나치게 강조하면 합리적 추론의 비중을 과소평가하는 오류를 범할 가능성이 크다고 주장했다. 그는 트롤리 딜레마에서처럼 도덕적 판단이 인지 과정과 정서 반응에 모두 의존한다는 뜻에서 '이중처리dual-process' 모델을 제안했다.

샌델의 『정의란 무엇인가』는 120만 부 넘게 팔렸다. 이 책에는 조너선 하이트나 조슈아 그린의 이론은커녕 이들의 이름조차 언급되지 않았다. 옳고 그름은 합리적으로 판단된다고 주장한 칸트와 '도덕은 판단되기보다는 느껴지는 것'이라는 흄 중에서 어느 쪽이 더 설득력이 있는지 헤아려보는 수고는 120만 독자 여러분의 몫이 아닌가 싶다.

(2013년 9월 1일)

유권자의 정치 성향
선거에 이기려면 정서를 자극하라

2012년 11월 6일 치러질 미국 대선은 민주당 버락 오바마 대통령과 공화당 밋 롬니 후보가 초박빙의 접전을 벌일 것으로 예측된다. 선거 자금이 두 후보를 합쳐 사상 최초로 20억 달러를 넘어서는 것으로 알려졌다. 민주당과 공화당은 상대방 지지자를 설득하기 위해 천문학적인 돈을 투입하고 있지만 그러한 선거 운동이 큰 효험이 없을지 모른다는 연구 결과가 나와 있다. 유권자의 정치적 성향이 대체로 태어날 때부터 결정되어 있기 때문에 가령 공화당 지지자에게 진보적인 가치관을 갖도록 설득하는 것은 부질없는 헛수고가 될지 모른다는 것이다. 우파 또는 좌파가 되는 것은 타고난 운명이라는 뜻이다.

2003년 미국 뉴욕대학교의 심리학자인 존 조스트는 〈미국 심리학

버락 오바마 대통령과
밋 롬니 공화당 후보가
대선 후보 TV 토론을 하기 앞서
악수하고 있다.

자〈American Psychologist〉에 성격과 정치 성향의 상호관계를 밝힌 논문을
게재했다. 조스트는 12개국 2만여 명을 대상으로 실시된 88개 연구
를 분석하고, 성격이 정치적 신조에 미치는 영향을 확인했다. 심리
학자들이 성격을 구분하는 다섯 가지 특성인 개방성, 성실성, 외향
성, 친화성, 정서 안정성 중에서 특히 앞의 세 가지 특성은 정치 성
향과 깊은 관계가 있는 것으로 밝혀졌다. 이를테면 개방적인 성격의
소유자는 그렇지 않은 사람보다 자유주의자가 될 확률이 두 배 정도
높게 나타났다. 그밖에도 죽음의 공포를 많이 느끼는 사람일수록 보
수적 견해를 가질 가능성이 4배가량 높은 것으로 밝혀졌다.

2005년 미국 라이스대학교의 정치학자인 존 앨퍼드는 〈미국 정치
학 평론APSR〉에 정치 성향이 유전에 의해 결정된다는 논문을 기고했

다. 앨퍼드는 행동유전학에서 20년 동안 발표된 쌍둥이 연구twin study 자료를 분석했다. 쌍둥이 연구는 유전자 전부를 공유한 일란성 쌍둥이와 유전자 절반을 공유한 이란성 쌍둥이를 대상으로 유전자가 특정 형질에 미치는 영향을 분석하는 기법이다. 한마디로 쌍둥이 연구는 유전과 행동 사이에 존재하는 연결고리를 찾는 고전적 방법이다. 앨퍼드는 3만 명의 쌍둥이에게 정치적 견해를 질문한 자료를 분석해서 일란성 쌍둥이가 이란성 쌍둥이보다 똑같은 답변을 더 많이 한다는 사실을 밝혀냈다. 이는 유전자가 정치적 답변에 영향을 미치는 증거로 받아들여졌다.

2007년 8월 캘리포니아대학교의 정치학자인 제임스 파울러는 미국정치학회APSA 모임에서 선거일에 투표하러 갈지 아니면 기권할지를 결정하는 문제는 몇몇 유전자와 관련이 있다는 연구 결과를 보고했다. 파울러는 일란성 쌍둥이 326쌍과 이란성 쌍둥이 196쌍의 투표 기록을 분석하고, 유전적 요인이 투표 행위에 미치는 영향은 60%이며 환경적 요인은 40%임을 확인했다. 또한 파울러는 투표 행위에 관련된 유전자를 2개 찾아냈다. 이 유전자들은 뇌 안의 신경전달물질인 세로토닌의 분비를 조절하는 데 간여한다. 세로토닌은 신뢰와 사회적 상호작용에 관련된 뇌 영역에 영향을 미친다. 이 유전자를 가진 사람은 세로토닌을 잘 조절할 수 있기 때문에 더 사교적으로 된다. 이러한 사람들은 선거일에 집에서 빈둥거리지 않고 투표장에 나갈 가능성이 여느 유권자들보다 1.3배 높은 것으로 나타났다.

2007년 9월 뉴욕대학교의 심리학자인 데이비드 아모디오는 〈네이처 신경과학Nature Neuroscience〉에 게재된 논문에서 사람마다 정치 성향이 다른 까닭은 뇌 안에서 정보가 처리되는 방식이 근본적으로 다르기 때문이라고 주장했다. 아모디오는 43명에게 보수주의자인지 자유주의자인지 정치적 입장에 대해 질문하고 두개골에 삽입한 전극으로 전두대상피질ACC: anterior cingulate cortex의 활동을 측정했다. 전두대상피질은 의견이나 이해관계의 충돌을 해결하는 기능을 가진 부위이다. 자유주의자의 뇌에서 이 부위가 보수주의자보다 2.5배 더 활성화되는 것으로 나타났다. 좌파 성향의 사람들이 우파들보다 변화의 요구에 민감하고 새로운 생각을 더 잘 수용하기 때문에 그러한 반응이 나타나는 것이라고 풀이될 수 있다.

한편 뇌를 연구하는 학자들은 유권자의 환심을 사려면 이성보다 감정에 호소하는 선거 전략을 짜야 한다고 제안한다. 대표적인 인물은 에모리대학교의 심리학자인 드루 웨스턴과 캘리포니아대학교의 언어학자인 조지 레이코프이다.

2004년 미국 대통령 선거 기간에 웨스턴은 핵심 공화당원을 자처하는 15명과 골수 민주당원 행세를 하는 15명 등 30명의 뇌를 기능성 자기공명영상fMRI 장치로 들여다보면서 조지 W. 부시 공화당 후보와 존 케리 민주당 후보의 연설 내용을 평가해달라고 주문했다. 결과는 예상대로 나왔다. 공화당원들은 케리에게, 민주당원들은 부시에게 일방적인 혹평을 한 것으로 확인되었다. 실험 참여자들은 예외없이 무의식적으로 확증편향confirmation bias에 사로잡혀 있음이 분명했다. 확증편향은 자신이 가진 믿음을 확증하는 정보만을 찾아서 받아들이려는 성향을 의미한다. 한마디로 확증편향은 믿고 싶은 것만 믿는다는 뜻이다. 확증편향을 극복하지 못하면 누구나 엉뚱한 판단을 내릴 가능성이 높다.

웨스턴은 뇌 영상 자료를 보면서 확증편향이 발생했을 때 전두엽에서 이성과 관련된 영역은 침묵을 지킨 반면에 감정을 처리하는 영역은 활동이 눈에 띄게 증가했음을 확인했다. 침묵을 지킨 부위는 배외측전전두피질DLPFC이다. 이 부위는 우리가 사고와 판단을 할 때 반드시 활성화된다. 활동이 증가된 부위는 복내측전전두피질VMPFC이다. 이 부위는 공감, 동정, 수치, 죄책감 같은 사회적 정서 반응과 관련된다. 웨스턴은 미국 유권자들의 정치 성향이 무의식적인 확증편향에서 비롯되며, 확증편향은 정서의 지배를 받는다는 사실을 밝혀내고 2006년 미국심리학회 총회에서 연구 결과를 발표했다.

2007년 6월 웨스턴은 이성보다 감정이 정치에 미치는 영향이 더 강력하다는 주장을 펼친 저서인 『정치적 뇌The Political Brain』를 출간했다. 책의 부제는 '국가의 운명을 결정함에 있어 정서의 역할'이다. 그는 머리말에서 "정치적 뇌는 감정적이다. 결코 냉정하게 계산하거나 합리적 결정을 내리겠다며 정확한 사실이나 숫자, 정책을 객관적으로 찾아가는 기계가 아니다"고 전제한 뒤 "유권자들이 합리적으로 어떤 결론에 이르리라는 생각으로 선거 전략을 짜면 그 후보자는 백전백패한다"고 주장한다. 이런 맥락에서 공화당은 감정의 뇌를 겨냥하여 유권자를 효과적으로 공략한 반면 "클린턴 시대를 제외한 지난 30년 동안 민주당 전략가들은 사람의 마음이 합리적이라는 생각에 끈질기게 집착해서" 선거에 거듭 패배했던 것이라고 지적한다.

미국 민주당의 정치적 좌절에 대해 애정 어린 충고를 아끼지 않은 대표적 인물이 조지 레이코프이다. 인지언어학의 창시자로 자리매김된 레이코프는 자신의 언어 이론을 정치학에 적용하여 진보진영이 패배하는 이유를 분석한 책을 몇 권 저술하기도 했다. 1996년 인지과학을 정치학에 접목시킨 최초의 저서로 평가되는 『도덕, 정치를 말하다Moral Politics』를 펴냈다. 부제는 '자유주의자는 모르지만 보수주의자는 알고 있는 것'이다. 이 책에서 레이코프는 국가를 가족에 빗대어 정치 이데올로기를 두 모형으로 나누었다. '엄격한 아버지strict father 가족' 모형과 '자애로운 부모nurturing parents 가족' 모형이다. 레이코프에 따르면 보수주의는 권위에 복종을 요구하는 엄격한 아버지 모형을 통해, 진보주의는 서로 돌보는 마음을 최고의 가치로 여기는 자애로운 부모 모형을 통해 이해할 수 있다. 미국인의 뇌 안에는 두 가지 모형이 공존하고 있으며 정치인들이 사용하는 언어에 의해 어느 한 모형이 작동하게 된다. 요컨대 정치적 쟁점을 대중의 가슴에 와 닿는 쉬운 용어로 프레임(틀)을 짜서 접근하는 쪽이 유권자의 표심을 사로잡을 수 있다는 것이다.

2002년 5월 『도덕, 정치를 말하다』 제2판을 펴낸 것을 계기로 레이코프는 미국 전역을 순회하며 민주당 지도자와 지지자에게 자신의 이론을 설파했다. 2004년 9월에는 『도덕, 정치를 말하다』에 소개한 자신의 이론을 민주당 활동가들이 쉽게 이해할 수 있게끔 간추린 책을 출간했다. 바로 민주당 안에서 거의 마오쩌둥(1893~1976) 어록에 비견될 만큼 널리 읽혔다는『코끼리는 생각하지 마Don't Think of An Elephant』이다. 이 책에서 레이코프는 "프레임이란 우리가 세상을 바라보는 방식을 형성하는 정신적 구조물이다. 정치에서 프레임은 사회정책과 그 정책을 수행하고자 수립하는 제도를 형성한다. 프레임을 바꾸는 것은 이 모두를 바꾸는 것이다. 그러므로 프레임을 재구성하는 것이 바로 사회적 변화이다"라고 갈파했다. 하지만 2004년 대선에서 민주당은 패배했다. 공화당이 프레임을 구성하여 유권자를 설득하는 솜씨가 민주당을 능가했기 때문이다. 레이코프의 표현을 빌리면 보수주의자들은 사람 뇌와 마음의 관계를 숙지한 신경과학 전문가들이었으므로 백악관을 차지하게 된 것이다.

2008년 5월 레이코프는『정치적 마음The Political Mind』을 펴냈다. 부제는 '왜 당신은 18세기 뇌로 21세기 미국 정치를 이해할 수 없는가'이다. 18세기 계몽주의는 인간을 이성적인 존재라고 가정하고 이성은 감정과 정반대라고 여긴다. 그러나 레이코프는 "우리가 모든 행동에서 합리적인 행위자인 것은 아니다"고 주장하고 21세기의 뇌 연구 성과에 바탕을 둔 새로운 계몽주의, 곧 신계몽New Enlightenment이 필요하다고 역설했다. 신계몽은 무엇보다 이성이 감정을 필요로 한다고 본다. 레이코프는 특히 감정이입empathy, 곧 다른 사람의 입장이 되어 그 사람의 눈으로 세상을 바라보는 능력이 미국 민주주의의 핵심이라고 강조한다. 감정이입 능력을 2008년 대선에서 오바마가 승리한 요인의 하나라고 여기는 레이코프는 정치적 마음이 감정적이므로 진보진영이 선거에서 이기려면 유권자의 이성보다 정서를 자극할 것을 주문한다.

(2012년 11월 4일)

신경신학 논쟁
신은 뇌 안에 있는가

성당이나 사찰에서 신자들이 기도와 명상을 통해 절대자와 영적으로 일체감을 느끼는, 이른바 신비체험mystical experience을 할 때 뇌 안에서 일어나는 현상을 설명하려는 연구가 성과를 거두고 있다. 인간의 영성과 뇌의 관계를 탐구하는 융합학문은 신경신학neurotheology 또는 영적 신경과학spiritual neuroscience이라 불린다.

1975년 미국의 신경학자인 노먼 게슈빈트(1926~1984)는 간질 발작이 머리 양 옆을 따라 위치한 측두엽에서 발생하는 것을 처음으로 밝혀내고, 간질이 때때로 강력한 종교적 체험을 유발한다고 주장했다. 게슈빈트 증후군Geschwind syndrome이라고 불리는 측두엽 간질은 입을 쩝쩝 다시거나 양손을 맞대어 부비는 행동을 무의식적으로 30초에서 2분 정도 반복하게 된다. 역사적인 인물들, 예컨대 아리스토텔레스, 알렉산더 대왕, 한니발, 율리우스 카이사르, 단테, 나폴레옹, 헨델, 루소, 베토벤, 도스토예프스키, 빈센트 반 고흐, 바이런, 에드거 앨런 포우, 디킨스, 루이스 캐럴, 차이코프스키 등이 측두엽 간질을 앓았던 것으로 여겨진다.

종교와 관련된 인물 중에서는 사도 바울, 잔 다르크(1412~1431), 성녀 아빌라의 테레사(1515~1582)가 측두엽 간질 발작에 의해 신비 체험을 한 것으로 알려졌다. 바울은 본래 초기 기독교 교회를 무자비하게 박해한 장본인이지만 다마스쿠스로 가는 길에 갑자기 하늘에서 휘황찬란한 한줄기 빛이 그를 향해 쏟아져 내려와서 너무 놀란 나머지 말에서 떨어지고 눈을 뜰 수 없었는데, 바로 그때 예수의 목소리를 듣게 되어(사도행전 9장 1~9절) 여생을 교회를 세우는데 바쳤다. 신앙심이 깊은 시골 소녀였던 프랑스의 잔 다르크는 13세에 천사의 목소리를 듣기 시작해서 17세에 영국과의 전쟁에서 큰 공을 세웠으나 결국 종교재판에 회부되어 이단으로 몰려 화형을 당했다. 작가로서도 스페인 문학에서 손꼽힌 인물이었던 아빌라의 테레사는 심각한 신경쇠약을 앓는 동안에 놀라운 환상을 보게 되어 1562년 아빌라에 조그만 집을 마련하고 종교재판소와 맞서 싸우면서 남성 중심의 수도원을 바꿔나갔다. 바울에게 예수의 목소리로 들리는 환청을 일으켰던 밝은 빛, 잔 다르크가 들었던 천사의 목소리, 아빌라의 테레사가 본 환각은 간질 발작 상태에서 체험한 것으로 추정된다.

1987년 캐나다의 심리학자인 마이클 퍼싱어는 뇌를 전기적으로 자극해서 인위적으로 종교적 감정을 불러일으킨다는 장치를 발표했

사도 바울의 신비체험을 묘사한
카라바조(1573~1610)의 그림.

다. '신 헬멧God Helmet'이라 불리는 이 장치를 머리에 쓰면 측두엽이 자극을 받아 혼자 있는 것이 분명함에도 다른 누군가가 자신과 함께 있는 것처럼 느끼는 사람이 적지 않은 것으로 밝혀졌다. 퍼싱어는 신 헬멧을 썼을 때 '지각된 존재sensed presence'가 종교적으로 관련된 존재일 수 있다고 전제하고, 이러한 신비체험은 뇌의 특정 부위를 자극함으로써 가능한 것으로 확인되었기 때문에 신의 존재 역시 사람의 뇌를 전기적으로 자극해 출현한 현상에 불과할 따름이라는 대담한 주장을 펼쳤다.

1997년 미국의 신경과학자인 빌라야누르 라마찬드란은 사람 뇌에서 처음으로 종교적 믿음과 관련된 신경회로망을 찾아냈다고 발표했다. 실험을 통해 측두엽 간질 환자가 종교적 언어에 대해 유별나게 뚜렷한 정서 반응을 나타내는 현상이 확인되었다는 것이다. 라마찬드란은 특히 정서를 관장하는 변연계의 역할을 강조하고, 측두엽과 변연계를 연결하는 신경회로망을 강화하면 간질 환자들이 종교적 감정을 느끼게 된다고 주장했다. 1998년 9월 펴낸 『두뇌 속의 유령Phantoms in the Brain』에서 라마찬드란은 뇌 안의 종교적 회로망이 간질 발작에 의해 무작위로 강화될 수 있다고 주장했다. 이를 계기로 측두엽이나 변연계뿐만 아니라 뇌의 다른 부위에서도 다양한 종교적 감정이 발생할 가능성이 제기되었다.

이러한 발상으로 괄목할 만한 연구 성과를 거둔 대표적 인물은 미국의 신경과학자인 앤드루 뉴버그이다. 그는 뇌 영상 기술을 사용하여 명상에 빠진 티베트 불교 신자와 기도에 몰두하는 가톨릭의 프란

치스코회 수녀가 아주 강렬한 종교적 체험의 순간에 도달할 때 뇌의 상태를 촬영했다. 2001년 4월 펴낸『신은 왜 우리 곁을 떠나지 않는가Why God Won't Go Away』에서 뉴버그는 명상이나 기도의 절정에 이르렀을 때 머리 꼭대기 아래에 자리한 두정엽 일부에서 기능이 현저히 저하되고 이마 바로 뒤에 있는 전두엽 오른쪽에서 활동이 증가되었다고 주장했다.

뉴버그는 이 책에서 "사람은 쉽사리 자기 초월을 할 수 있는 재능을 타고난 선천적인 신비주의자"이며 "사실상 모든 신비주의mysticism 전통에서는 바로 자신보다 더 큰 무엇, 곧 절대자와 진정한 정신적 일체감을 느끼는 신비체험을 궁극적인 정신적 목표로 삼고 있다"고 전제한 뒤 '절대적 일체 상태unio mystica'라 불리는 초월적 상태는 신경학적 기능 때문에 가능하다고 주장했다. 이러한 맥락에서 뉴버그는 "신비주의자들이 반드시 망상의 피해자인 것은 아니다. 오히려 그들의 체험은 관찰 가능한 뇌의 기능에 바탕을 두고 있다"면서 다음과 같은 결론을 내리고 있다.

"모든 영성과 신의 실체에 관한 경험은 전기화학적 깜빡임과 불빛이 뇌의 신경회로를 따라 잠깐 동안 달려가는 것에 불과하다고 설명할 수 있을까? 뇌가 신경 정보를 사람의 경험 지각으로 전환시키는 방식에 대해 현재까지 우리가 알고 있는 지식에 근거를 두고 대답한다면, 가장 간단한 답은 '그렇다'이다. 그렇다면 신은 환상이나 꿈과 비슷한 정도의 절대적 실체밖에 갖지 못한, 단지 하나의 개념에 불과하단 말인가? 마음이 뇌의 지각을 어떻게 해석하느냐에 대해 우리가 알고 있는 지식에 근거를 두고 대답한다면, 가장 간단한 답은 '아니다'이다."

뉴버그는 "뇌과학은 신의 존재를 증명할 수도 없고, 부재를 증명할 수도 없다. 최소한 간단한 답은 불가능하다"면서 이 책의 마지막 문장을 "신은, 우리가 그 웅장하고 신비스러운 개념을 어떻게 정의하든지 간에, 결코 사라지지 않을 것이다"라고 썼다.

2002년 미국의 신경과학자인 리처드 데이비드슨은 기능성 자기공명영상 장치로 명상 중인 불교 신자 수백 명의 뇌를 들여다보고 전두엽이 활성화되었다는, 뉴버그와 비슷한 연구 결과를 발표했다. 2006년 9월 뉴버그는 『우리가 믿는 것을 우리가 믿는 까닭Why We Believe What We Believe』을 펴냈는데, 이 책에서도 종교적 경험을 하는 사람의 전두엽이 더욱 활성화되는 실험 결과를 얻었다고 보고했다.

전두엽이 신비체험에 관련된 것으로 여러 차례 확인됨에 따라 신경신학의 연구 대상은 뇌의 여러 영역으로 확대되었다. 캐나다의 신경과학자인 마리오 보리가드는 기능성 자기공명영상 장치를 사용하여 카르멜회 수녀 15명의 뇌를 들여다보고, 수녀들이 하느님과의 영적 교감을 회상할 때 비로소 활성화되는 부위를 여섯 군데 발견했다. 예컨대 로맨틱한 감정과 관련된 부위인 미상핵caudate nucleus의 활동이 더욱 증대되었다. 아마도 하느님에 대한 수녀들의 무조건적인 사랑의 감정이 초래한 결과인 듯하다. 대뇌 속 깊숙이 자리 잡은, 긴 꼬리를 갖고 있는 모양인 미상핵은 로맨틱한 감정이 클수록 더 활성화되는 부위이다.

2006년 〈신경과학 통신Neuroscience Letters〉 9월 25일자에 발표한 논문에서, 보리가드는 수녀들의 종교적 경험에 관련된 뇌의 부위가 다양한 것은 그만큼 인간의 영성이 복잡한 현상임을 방증한다고 주장했다. 보리가드의 연구 결과는 신비체험이 측두엽과 같은 특정 부위에 국한되지 않고 뇌 전체에 분포한 신경회로망에 의해 발생하는 현상임을 보여준 셈이다.

2007년 9월 보리가드는 신경신학의 연구 성과를 중간 결산한 저서로 평가되는 『영적인 뇌The Spiritual Brain』를 펴냈는데, 대다수의 신경신학자들이 종교적 경험을 단순히 뇌의 활동으로 환원하려는 유물론적 관점을 벗어나지 못하고 있다는 비판을 쏟아내서 주목을 받았다.

보리가드는 이 책의 머리말에서 "종교와 영성에 관한 유물론자들의 설명은 무분별하기 짝이 없다"면서 "유물론자들은 신뢰할 만한 증거가 없는데도 위대한 영적 지도자들이 자신과 타인을 고무시키는 영적 경험을 한 것이 아니라 측두엽 간질에 시달렸다는 주장을 기꺼이 믿는다"고 썼다. 스스로 유물론을 반대하는 소수의 신경과학자에 속한다고 입장을 밝힌 보리가드는 "유물론은 현재 진퇴양난에 빠져 있다. 인간의 정신이나 영적 경험을 설명할, 제대로 된 가설이 하나도 없을뿐더러 그럴 기미조차 보이지 않는다. …… 그러나 희소식도 있다. 그것은 바로 유물론을 배제하기만 하면 현대의 신경과학을 통해 영성에 가까이 다가갈 수도 있고 연구도 할 수 있는 희망적인 조짐이 있다는 것이다"고 주장했다.

신경신학의 연구 결과를 곧이곧대로 받아들이면 신은 인간의 뇌가 만들어낸 개념에 불과하며 뇌 안에 항상 머무는 존재라고 여길 수 있다. 신앙생활에서 경험하는 절대자와의 일체감과 경외감을 단순히 뇌 세포의 전기화학적 깜빡임이 만들어낸 결과로 치부하면 신의 은총은 말할 것도 없고 인간의 신앙심은 아무짝에도 쓸모가 없게 될 터이다. 그러나 보리가드의 연구에서 밝혀진 것처럼 카르멜회 수녀들이 하느님을 떠올릴 때 비로소 뇌에서 그런 반응이 일어날 수 있었다는 사실에 주목한다면 신경신학의 연구 성과로 신의 존재 여부를 판가름할 수 있다고 생각하는 것처럼 성급한 판단은 없을 줄로 안다.

어쨌거나 인간의 뇌가 종교적 경험을 만들어내며 그 과정 속에서 신이 창조된다고 여기는 대다수의 신경신학자들과 보리가드처럼 이러한 유물론적 관점을 반박하는 극소수의 신경신학자들 사이에 "신이 뇌를 창조했는가, 아니면 뇌가 신을 창조하는가?" 하는 문제를 놓고 치열하게 전개되는 논쟁을 지켜보는 것도 꽤나 흥미진진할 것 같다.

뇌-기계 인터페이스
생각만 하라, 움직일 것이다

2009년 할리우드 영화 '아바타'는 주인공의 생각이 아바타(분신) 로봇을 통해 그대로 행동으로 옮겨지는 장면을 보여준다. 뇌를 컴퓨터나 로봇 같은 기계장치에 연결해 손을 사용하지 않고 생각만으로 제어하는 기술은 '뇌-기계 인터페이스BMI: brain-machine interface'라고 한다.

BMI에는 세 가지 접근 방법이 있다.

첫째는 뇌의 활동 상태에 따라 주파수가 다르게 발생하는 뇌파를 이용하는 방법이다. 먼저 머리에 띠처럼 두른 장치로 뇌파를 모은다. 이 뇌파를 컴퓨터로 보내면 컴퓨터가 뇌파를 분석해 적절한 반응을 일으킨다. 컴퓨터가 사람의 마음을 읽어서 스스로 작동하는 셈이다.

둘째는 특정 부위 신경세포(뉴런)의 전기적 신호를 활용하는 방법이다. 뇌의 특정 부위에 미세전극이나 반도체 칩을 심어 뉴런의 신호를 포착한다.

셋째는 기능성 자기공명영상fMRI 장치를 사용하는 방법이다. fMRI는 어떤 생각을 할 때 뇌 안에서 피가 몰리는 영역의 영상을 보여준다. 사람을 fMRI 장치에 눕혀놓고 뇌의 영상을 촬영하여 이 자료로 로봇을 움직이는 프로그램을 만든다.

BMI 분야에서는 초창기부터 첫째와 둘째 방법이 경쟁적으로 연구 성과를 쏟아내기 시작했다.

1998년 3월 최초의 BMI 장치가 선보였다. 미국의 신경과학자인 필립 케네디가 만든 이 BMI 장치는 뇌졸중으로 쓰러져 목 아래 부분이 완전 마비된 환자의 두개골에 구멍을 뚫고 이식되었다. 그는 눈꺼풀을 깜박거려 겨우 자신의 뜻을 나타낼 뿐 조금도 몸을 움직일 수 없는 중환자였다. 케네디의 BMI 장치에는 미세전극이 한 개밖에 없었다. 사람 뇌에는 운동 제어에 관련된 신경세포가 수백만 개 이상 있으므로 한 개의 전극으로 신호를 포착해 몸의 일부를 움직일 수 있다고 생각한 것 자체가 엉뚱할 수 있었다. 하지만 케네디와 환자의 끈질긴 노력 끝에 생각하는 것만으로 컴퓨터 화면의 커서를 움직이는 데 성공했다. 케네디는 사람 뇌에 이식된 미세전극이 뉴런의 신호를 받아 컴퓨터에 전달하는 방식으로 손 대신 생각만으로 기계를 움직일 수 있는 BMI 실험에 최초로 성공하는 기록을 세운 것이다.

1999년 2월 독일의 신경과학자인 닐스 비르바우머는 목이 완전 마비된 환자의 두피에 전자장치를 두르고 뇌파를 활용하여 생각만으로 1분에 두 자꼴로 타자를 치게 하는 데 성공했다.

　그해 6월에는 브라질 출신의 미국 신경과학자인 미겔 니코렐리스와 동료인 존 채펀이 케네디의 환자가 컴퓨터 커서를 움직이던 것과 똑같은 방식으로 생쥐가 로봇 팔을 조종할 수 있다는 실험 결과를 내놓았다. 이어서 2000년 10월 부엉이원숭이를 상대로 실시한 BMI 실험에 성공했다. 원숭이 뇌에 머리카락 굵기의 가느다란 탐침 96개를 꽂고 원숭이가 팔을 움직일 때 뇌 신호를 포착하여 이 신호로 로봇 팔을 움직이게 한 것이다. 또 원숭이 뉴런의 신호를 인터넷으로 약 1000km 떨어진 장소로 보내서 로봇 팔을 움직이는 실험에도 성공했다. BMI 기술로 멀리 떨어진 곳의 기계장치를 원격 조작할 수 있음을 보여준 셈이다.

　2003년 6월 니코렐리스와 채펀은 붉은털원숭이의 뇌에 700개의 미세전극을 이식해 생각하는 것만으로 로봇 팔을 움직이게 하는 데 성공했다. 2004년 이들은 32개의 전극으로 사람 뇌의 활동을 분석하여 신체 마비 환자들에게 도움되는 BMI 기술 연구에 착수했다.

　2004년 9월 미국의 신경과학자인 존 도너휴는 뇌에 이식하는 반도체 칩인 브레인게이트BrainGate를 개발했다. 사람 머리카락보다 가느다란 전극 100개로 구성된 이 장치는 팔·다리를 움직이지 못하는 25세 청년의 운동피질에 1mm 깊이로 심어졌다. 9개월이 지나서 이 환자는 생각만으로 컴퓨터 커서를 움직여 전자우편을 보내고 게임도 즐기고, 텔레비전을 켜서 채널을 바꾸거나 볼륨을 조절하는 데 성공했다. 또 자신의 로봇 팔, 곧 의수를 마음대로 사용할 수 있었

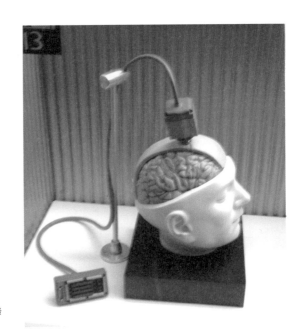

브레인게이트의 실제 개념을
보여주는 모형.

다. 도너휴의 브레인게이트는 2006년 7월 영국 과학학술지 〈네이처〉
에 표지 기사로 실려 세계 언론의 주목을 받았다.

2008년 5월 미국의 신경과학자인 앤드루 슈워츠는 원숭이가 생각
만으로 로봇 팔을 움직여 음식을 집어먹도록 하는 데 성공했다고 밝
혔다. 원숭이 두 마리 뇌의 운동피질에 머리카락 굵기의 탐침을 꽂고
이것으로 측정한 신경신호를 컴퓨터로 보내서 로봇 팔을 움직여 꼬
챙이에 꽂혀 있는 과일 조각을 뽑아 자기 입으로 집어넣게 만들었다.

전신마비 환자들이 생각하는 것만으로도 혼자서 휠체어를 운전할
수 있는 기술도 실현되었다. 2009년 5월 스페인에서, 6월 일본에서

각각 생각만으로 움직이는 휠체어가 개발되었다. 스페인의 휠체어 사용자는 16개의 전극이 달린 두건을 쓰는 반면에 일본의 것은 5개의 전극이 달린 두건을 쓴다. 두건의 뇌파 측정 장치는 전신마비 환자가 생각을 할 때 뇌파의 변화를 포착한다. 이 신호를 받은 컴퓨터는 환자가 어떤 동작을 생각하는지 판단해 휠체어의 모터를 작동시킨다.

BMI 기술은 필립 케네디처럼 뉴런의 신호를 이용하는 방법과 닐스 비르바우머처럼 뇌파를 활용하는 방법으로 양분되어 발전을 거듭하고 있다.

2012년 7월 제3의 BMI 방법인 fMRI 사용 기술이 처음으로 실험에 성공했다. 이스라엘·프랑스의 공동 연구진은 먼저 이스라엘의 fMRI 장치에 누워 있는 대학생의 뇌 활동을 촬영한 영상을 분석해 로봇 작동 프로그램을 만들었다. 이 프로그램은 인터넷을 통해 프랑스에 있는 아이처럼 생긴 로봇에 전달되어 대학생의 생각만으로 이 로봇을 움직이는 데 성공한 것이다.

한편 미겔 니코렐리스가 주도하는 '다시 걷기 프로젝트Walk Again Project'는 전신마비 환자에게 온몸을 움직일 수 있는 능력을 되찾아주는 기술을 개발 중이다. 환자에게는 전신을 감싸는 외골격exoskeleton을 입힌다. 이는 일종의 입는 로봇이다. BMI 기술로 전신 외골격의 동작을 제어하게 되면 전신마비 환자들도 다시 걷게 될 것으로 기대를 모으고 있다. BMI 기술은 손발을 움직이지 못하는 환자뿐만 아니라 정상적인 사람들에게도 활용되기 시작했다. 뇌파를 이용하는 BMI

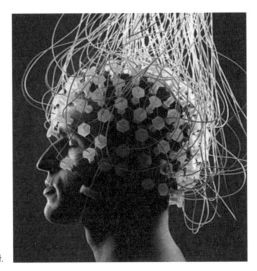

뇌-기계 인터페이스 기술은 손발을
움직이지 못하는 환자뿐만 아니라
정상적인 사람에게도 활용되기 시작했다.

기술이 비디오게임, 골프 같은 스포츠, 수학 교육, 신경마케팅 분야
에서 활용되는 추세이다.

BMI 전문가들은 2020년께에는 비행기 조종사들이 손 대신 생각
만으로 계기를 움직여 비행기를 조종하게 될 것이라고 이구동성으
로 전망한다.

2009년 1월 버락 오바마 미국 대통령이 취임 직후 일독해야 할 보
고서 목록에 포함된 〈2025년 세계적 추세Global Trends 2025〉에도 이와 유
사한 전망이 나온다. 2025년 미국의 국가 경쟁력에 미칠 효과가 막
대할 것으로 여겨지는 6대 기술의 하나로 선정된 서비스 로봇 분야
를 보자. 2020년 군사용 로봇에 BMI 기술이 적용되어 생각신호로
조종되는 무인 차량이 군사 작전에 투입될 것으로 예측되었다. 이를

테면 병사가 타지 않는 BMI 탱크를 사령부에 앉아서 생각만으로 운전할 수 있다는 것이다.

니코렐리스 역시 이와 비슷한 전망을 내놓았다. 2011년 3월 펴낸 저서 『경계를 넘어서Beyond Boundaries』에서 니코렐리스는 "앞으로 10~20년 안에 사람의 뇌와 각종 기계장치가 연결된 네트워크가 실현될 것"이라며 "인류는 생각만으로 제어되는 자신의 아바타를 이용하여 접근이 불가능하거나 위험한 환경, 예컨대 원자력발전소나 심해, 우주 공간 또는 사람의 혈관 안에서 임무를 수행할 수 있다"고 주장했다. 이를 위해서는 뇌-기계-뇌 인터페이스BMBI 기술이 실현되어야 한다. BMBI는 사람 뇌에서 기계로 신호가 한쪽 방향으로만 전달되는 기술과는 달리 사람 뇌와 기계 사이에 양쪽 방향으로 정보가 교환된다.

니코렐리스는 10~20년 안에 BMBI가 실현되면 "듣지도, 보지도, 만지지도, 붙잡지도, 걷지도, 말하지도 못하는 수백만 명에게 신경 기능을 회복시켜줄 것"이라고 주장했다. 니코렐리스는 이 책에서 뇌-기계-뇌 인터페이스 기술이 완벽하게 실현되면 인류는 궁극적으로 몸에 의해 뇌에 부과된 '경계를 넘어서는' 세계에 살게 될 것이며 결국 사람 뇌를 몸으로부터 자유롭게 하는 놀라운 순간이 찾아올 것이라고 주장했다. 그리고 뇌가 몸으로부터 완전히 해방되면 사람의 뇌끼리 서로 연결되는 네트워크, 곧 '뇌 네트brain-net'가 구축되어 생각만으로 소통하는 뇌-뇌 인터페이스BBI: brain-brain interface 시대가 올 것이라고 내다보았다.

BBI 기술이 실현되려면 무엇보다 뇌 이식 기술이 발전해, 가령 뉴런 안에서 뇌의 활동을 직접 관찰하거나 측정하는 장치가 개발되어야 한다. 이러한 장치는 신경세포 활동의 정보를 무선신호로 바꾸어 뇌 밖으로 송신한다. 거꾸로 무선신호를 신경정보로 변환하는 수신 장치를 뇌에 삽입할 수도 있다. 사람 뇌에 무선 송수신기가 함께 설치되면 뇌에서 뇌로 직접 정보 전달이 가능할 것이다. 이러한 BBI 통신방식은 무선텔레파시radiotelepathy라고도 불린다.

미국의 이론물리학자인 프리먼 다이슨이나 영국의 로봇공학자인 케빈 워릭이 일찌감치 꿈꾼 대로 2050년께 무선텔레파시 시대가 실현될 가능성이 갈수록 커지는 것 같다. 1997년 펴낸 『상상의 세계 Imagined Worlds』에서 다이슨은 21세기 후반 인류가 텔레파시 능력을 갖게 될 가능성을 언급했으며, 2002년 펴낸 『나는 사이보그이다』, Cyborg』에서 워릭은 2050년 지구를 지배하는 사이보그들이 생각을 신호로 보내 의사소통하게 될 것이라고 주장했다.

뇌-뇌 인터페이스 장치를 뇌에 이식한 사람들이 전 세계의 컴퓨터 네트워크에 접속되면 말 한마디 건네지 않고도 오로지 생각하는 것만으로 지구촌의 수많은 사람과 마음을 주고받게 될지 모른다. 그러면 휴대전화나 TV는 물론 언어까지 쓸모없어질 것인지 궁금하다.

(2012년 7월 29일)

뇌 연구 프로젝트
뇌의 수수께끼에 도전한다

사람의 뇌에서 정보처리는 신경세포(뉴런)에 의해 이루어진다. 무게가 평균 1350g인 뇌 안에는 1000억 개의 뉴런이 들어 있다. 각각의 뉴런은 다른 수천 개의 뉴런과 직접적으로 연결되지 않고 시냅스synapse로 접속된다. 뉴런 사이의 연결은 100조 개 이상으로 추정된다. 초창기에 뇌의 수수께끼에 도전한 과학자들은 뇌가 손상된 사람들을 대상으로 행동의 변화를 분석해 구조와 기능의 관계를 나타내는 지도를 작성했다. 뇌 지도를 작성하려는 첫 번째 시도는 19세기 초에 출현한 골상학phrenology이다. 골상학자들은 두개골 생김새가 상응하는 뇌 조직의 발달 정도를 반영한다고 생각하고, 죄수 또는 정신병자의 두개골을 분석해 마음의 기능에 따라 뼈의 위치를 나타낸 지도를 작성했다.

20세기 후반부터는 의학 영상 기술의 획기적인 발전으로 뇌 지도 제작이 한결 수월해졌다. 컴퓨터 기술의 도움으로 뇌의 내부를 간접적으로 들여다볼 수 있게 됨에 따라 마음의 활동과 관련된 뇌의 영상을 찾아내 지도를 만들게 된 것이다. 하지만 뇌 영상 기술로는 세포 수준까지 연결 상태를 파악해 지도를 그려내는 것은 불가능하다.

이런 문제는 2005년 출현한 광유전학optogenetics에 의해 어느 정도 해결되었다. 광학과 유전학이 융합한 광유전학은 빛에 반응하는 유전자와 단백질 분자를 활용해 특정 행동과 관련된 뉴런에 불이 켜지도록 함으로써 뉴런의 연결 상태를 파악한다. 광유전학은 초파리나 생쥐의 뇌에서 신경세포 집단과 행동의 상관관계를 밝혀내는 수준에 머물러 있지만 신경과학의 역사에서 처음으로 특정 행동을 제어하는 관련 신경세포 회로를 찾아낼 수 있게 됐다는 측면에서 의의가 자못 크다.

그러나 광유전학으로 뇌 전체 구조를 파악하는 데는 한계가 적지 않다. 따라서 뇌 전체를 실제로 본뜨는 작업은 두 가지 방향에서 시도되고 있다. 하나는 뇌를 분자 수준까지 역설계reverse engineering하여 인공 뇌를 만드는 것이다. 역설계는 제품을 분해하여 그 구조를 분석한 뒤 그 설계를 역으로 탐지해 모방하는 기술을 뜻한다. 다른 하나의 방법은 뇌 안의 모든 뉴런의 위치를 나타내는 지도를 만드는 것이다.

뇌를 역설계하여 인공 뇌를 만드는 기법으로는 컴퓨터 시뮬레이션simulation이 활용된다. 시뮬레이션이란 실제로 실행하기 어려운 실

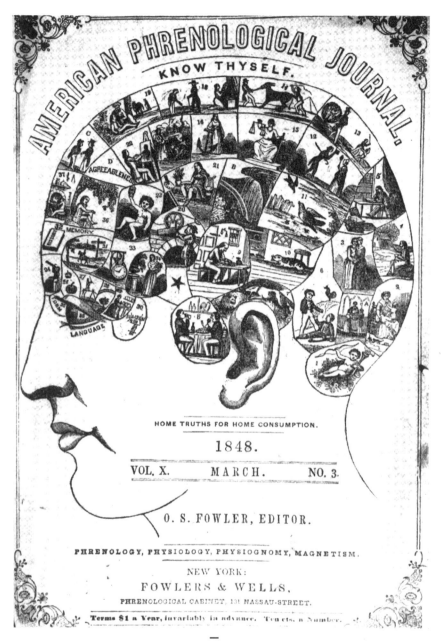

AMERICAN PHRENOLOGICAL JOURNAL

KNOW THYSELF.

HOME TRUTHS FOR HOME CONSUMPTION.

1848.

VOL. X.   MARCH.   NO. 3.

O. S. FOWLER, EDITOR.

PHRENOLOGY, PHYSIOLOGY, PHYSIOGNOMY, MAGNETISM.

NEW YORK:
FOWLERS & WELLS,
PHRENOLOGICAL CABINET, 131 NASSAU-STREET.

Terms $1 a Year, invariably in advance. Ten cts. a Number.

골상학 시대의 뇌 지도.

블루 진 슈퍼컴퓨터.

험을 간단히 행하는 모의실험을 의미한다. 컴퓨터로 모의실험하여 실물처럼 모방하는 것은 컴퓨터 시뮬레이션이라 이른다. 뇌 전체를 컴퓨터로 시뮬레이션하면 뇌의 구조와 기능을 나타내는 디지털 뇌 digital brain를 얻게 된다.

디지털 뇌의 성공 여부는 컴퓨터의 성능에 달려 있음은 물론이다. 컴퓨터의 속도가 빠를수록 시뮬레이션의 결과가 좋을 수밖에 없다. 디지털 뇌 연구에 사용되고 있는 컴퓨터는 블루 진Blue Gene이다. 미국 IBM의 제품인 블루 진은 세계에서 가장 속도가 빠른 슈퍼컴퓨터의 하나이다. 1초에 500조 번의 속도로 연산을 할 정도이다.

블루 진을 사용하여 뇌의 컴퓨터 시뮬레이션에 도전하는 대표적 인물은 스위스의 헨리 마크램과 미국의 다르멘드라 모다이다.

헨리 마크램은 2005년 5월 스위스 정부의 지원을 받아 블루 브레인 프로젝트Blue Brain Project에 착수했다. 블루 진 컴퓨터 중에서 프로세서(처리장치)가 1만 6000개에 불과한 것으로 시뮬레이션을 시작했지만 1년 만에 쥐의 뇌에서 피질 원주cortical column를 본뜨는 데 성공했다. 신피질의 최소 기능 단위인 피질 원주는 지름 0.5mm, 높이 1.5mm의 원기둥처럼 생긴 뇌 조직이다. 피질 원주가 모여 대뇌피질이 형성된다. 쥐의 경우 피질 원주에는 1만 개의 뉴런이 들어 있고 이들이 다른 뉴런과 접속된 연결은 1억 개이다. 쥐의 뇌는 이러한 피질 원주 수백만 개로 구성되어 있다.

마크램이 쥐의 피질 원주를 시뮬레이션하는 데 성공한 것은 획기적인 성과로 평가된다. 뇌의 특정 구조를 뉴런 단위로 분석할 수 있음을 보여주었기 때문이다. 2009년 7월 테드TED 콘퍼런스에서 마크램은 "사람 뇌를 10년 안에 만드는 것은 불가능하지 않다. 인공 뇌는 사람과 거의 비슷하게 말도 하고 지능도 가지며 행동할 것이다"고 기염을 토했다. 그러나 그는 한 가지 단서를 달았다. 슈퍼컴퓨터의 성능이 오늘날보다 2만 배 강력해야 한다는 것이다. 이런 슈퍼컴퓨터의 기억용량은 오늘날 인터넷의 전체 규모보다 500배나 된다. 그렇다면 이런 문제를 해결하는 데 걸림돌은 무엇일까. 다름 아닌 돈이다. 마크램은 디지털 뇌를 만드는 것은 "시간의 문제가 아니라 달러의 문제이다. 사회가 10년 안에 원하면 10년 안에 만들어낼 수 있다"고 주장했다. 이런 맥락에서 그가 추진 중인 인간 뇌 프로젝트HBP: Human Brain Project는 과학계의 지대한 관심사가 되고 있다.

2012년 마크램은 월간 〈사이언티픽 아메리칸〉 6월호에 HBP를 소개하는 글을 기고하면서 "HBP는 사람 두개골 안의 뉴런 890억 개와 이들의 100조 개 연결을 컴퓨터 시뮬레이션하는 것"이라고 설명하고 "뇌의 디지털 시뮬레이션을 구축하면 신경과학, 의학, 컴퓨터 기술에 혁명적 변화가 일어날 것"이라고 전망했다. 2020년까지 디지털 뇌를 만들 계획인 HBP에는 전 세계의 130개 대학이 참여한다. HBP에 필요한 자금을 마련하기 위해 유럽연합이 10년 동안 10억 유로(14억 달러)를 지원하는 연구 과제 공모에 신청을 해둔 상태이다. 2013년 2월 선정 결과가 발표될 예정이어서 HBP가 낙점을 받을지 귀추가 궁금하다.

마크램의 경쟁자인 미국의 다르멘드라 모다는 블루 진 중에서 성능이 가장 뛰어난 기종인 던Dawn을 사용해 괄목할 만한 성과를 내고 있다. 던은 프로세서 14만 7456개, 기억용량 15만 기가바이트로 오늘날 개인용 컴퓨터보다 약 10만 배 성능이 강력하다. 2006년 생쥐 뇌의 40%를, 2007년에는 쥐 뇌의 100%를 시뮬레이션했다. 그리고 2009년 모다는 세계적인 업적을 성취했다. 사람 대뇌피질의 1%를 시뮬레이션하는 데 성공한 것이다. 뉴런 16억 개와 9조 개의 연결이 포함된 피질이었다.

2011년 8월 시냅스SyNAPSE 연구 성과도 발표했다. 시냅스 프로젝트는 사람 뇌를 본뜬 컴퓨터 칩을 만드는 것이다. 모다는 256개의 뉴런이 수십만 개의 시냅스를 통해 연결된 컴퓨터 칩을 개발하여 사람 뇌처럼 스스로 학습하고 판단하는 컴퓨터의 실현 가능성을 보여주었다.

그런데 사람 뇌 전체를 컴퓨터 시뮬레이션으로 본뜨는 연구가 본격적으로 진행되면서 한 가지 중대한 문제가 부각되었다. 컴퓨터의 전력 소모와 발열이다. 던 컴퓨터의 경우 100만W(와트)를 소모하고 6675t의 공기조절장치(에어컨)가 필요할 정도의 열을 발생시킨다.

2011년 3월 미국의 물리학자인 미치오 카쿠가 펴낸 『미래의 물리학Physics of the Future』에 따르면 뇌 전체의 시뮬레이션에 필요한 슈퍼컴퓨터는 10억W의 전력을 소모할 것으로 예상된다. 이는 핵발전소 한 개의 전체 발전량과 맞먹는 규모이다. 슈퍼컴퓨터 한 대가 도시 한 개 전체에 전등을 켤 수 있는 전력을 소모한다는 뜻이다. 카쿠는 "이 컴퓨터를 냉각시키려면 강 한 개의 물이 몽땅 필요할지도 모른다"면서 "사람 뇌는 20W밖에 사용하지 않고, 열도 거의 발생하지 않지만 가장 강력한 슈퍼컴퓨터보다 성능이 뛰어나다"고 덧붙인다.

뇌 전체의 구조를 파악하는 두 번째 방법은 모든 뉴런의 정확한 위치를 표시하는 것이다. 2005년 뉴런의 연결망을 지도로 표현하는 새로운 분야가 출현했다. 뇌신경 연결지도는 커넥톰connectome이라 명명하고, 커넥톰을 작성하고 분석하는 분야는 커넥토믹스connectomics라 불린다. 2009년 7월 인간 커넥톰 프로젝트HCP가 5개년 계획으로 시작되었다. 2010년 9월 미국 국립위생연구소NIH는 프로젝트에 참여한 워싱턴대학교에 3000만 달러, 하버드대학교에 850만 달러를 후원했다.

커넥토믹스는 재미 과학자 세바스찬 승(한국명 승현준)에 의해 널리 알려졌다. 그는 1967년생으로 하버드대학교를 졸업하고 MIT 교수로 있으며 2008년 호암상을 받기도 했다. 이론물리학을 전공했지만 컴퓨터 과학에도 조예가 깊어 커넥토믹스의 핵심 인물이 된 것이다. 2010년 9월 TED 콘퍼런스에서 '나는 나의 커넥톰이다I am my connectome'는 제목의 연설로 일약 유명인사가 되었다.

2010년 〈뉴욕타임스〉 12월 27일자에 따르면 HCP가 넘어야 할 고비가 만만치 않다. 하버드대학교의 분자생물학자인 제프 리츠먼은 뉴런이 1억 개인 생쥐 뇌의 커넥톰을 작성하는 수준이라고 밝혔기 때문이다. 사람 뇌의 1000억 개 뉴런과는 비교가 되지 않는다.

먼저 생쥐를 마취시키고 뇌를 여러 개 조각으로 썰어낸 다음 미세한 조각을 전자현미경으로 들여다보면서 마치 스파게티 국수 가락처럼 얽혀 있는 뉴런의 연결 상태를 상세한 지도로 표시하는 것으로 알려졌다. 생쥐의 커넥톰을 저장하는 데 1페타(10의 15승)바이트의 컴퓨터 기억용량이 필요한 것으로 밝혀져 사람의 커넥톰에는 100만 페타바이트라는 가공할 저장용량이 소요될 것으로 짐작된다. 따라서 여러 기술적 문제로 사람의 커넥톰을 완벽하게 만드는 것은 불가능하다는 비판도 제기된다. 어쨌거나 HCP가 사람의 뇌 1200개를 대상으로 그린 지도의 성과가 올해 후반부터 공개될 것으로 알려져 지대한 관심사가 되고 있다.

승현준 박사는 2012년 2월 펴낸 『커넥톰』이라는 저서에서 "커넥토믹스는 게노믹스(유전체학)가 생물학에 중요한 만큼 신경과학에 중요할 것"이며 커넥톰이 완성되면 "인간의 기억이 뉴런 사이의 연결망 안에 저장된다는 놀라운 사실이 확인될 것"이라고 전망했다.

HBP와 HCP가 모두 성공하여 뇌의 수수께끼가 밝혀지길 바랄 따름이다.

(2012년 8월 26일)

청색기술

CONVERGENCE

청색기술
자연은 위대한 스승이다

미국 북서부 사막지대에서 번식하는 잡초인 회전초回轉草는 행성 탐사 로봇을 개발하는 기술자들에게 영감을 불러일으켰다. 가을바람에 의해 둥글게 뭉쳐서 날아가는 회전초를 본떠 로봇을 만들면 어떤 지형에서도 돌아다닐 수 있다고 여겼기 때문이다. 2003년 미국 항공우주국NASA은 회전초처럼 바람이 불면 굴러다니는 행성 탐사 로봇을 만들어 그린란드에서 시운전에 성공했다. 이 로봇은 이틀 동안 128㎞를 이동하면서 30분마다 수집한 자료를 관제소로 보냈다. NASA는 바퀴 달린 로봇이 접근하기 어려운 구릉과 계곡이 많은 화성 탐사에 회전초 로봇을 활용할 예정이다.

일본의 의료기기 회사에서는 아프지 않은 주사, 곧 무통주사를 개발하기 위해 모기에 관심을 가졌다. 모기는 사람에게 아무런 고통도

주지 않고 피를 빨아먹는다는 사실에 주목한 것이다. 모기의 주둥이는 주삿바늘보다 끝이 훨씬 가늘고 길게 생겼다. 모기의 바늘처럼 생긴 주삿바늘을 만들면 사람이 통증을 느끼지 않게 될 것임에 틀림없었다. 일본의 의료기기 전문가는 모기 주둥이를 흉내 내서 끝이 점점 가늘어지는 주삿바늘을 만들어 2004년 특허 승인을 받았으며 대박을 터뜨렸다. 특히 날마다 주사를 맞아야 하는 당뇨병 환자들에게 인기가 높은 것으로 알려졌다.

2005년 자동차 명품인 메르세데스벤츠는 거북복을 본떠 설계한 미래형 자동차를 선보였다. 일본·필리핀·남아프리카 등지에 사는 열대어인 거북복은 머리가 작고, 주둥이가 돌출되어 있으며, 외피는 딱딱한 갑판으로 덮여 있다. 몸 빛깔은 황금색이며 눈동자 크기의 작은 점이 흩어져 있다. 거북복의 몸체는 각이 지고 매끈한 유선형은 아니지만 물속에서 날렵하여 수압을 최소한으로 받는 것으로 밝혀졌다. 또한 거북복은 몸 전체로 만들어내는 소용돌이 덕분에 수류의 저항을 받지 않고 최소한의 힘으로 파도를 헤쳐 나가며 자유자재로 헤엄칠 수 있다. 이러한 거북복의 특성을 자동차에 적용하면 차체 구조와 공기역학적 특성이 우수한 자동차를 만들 수 있을 것이다. 메르세데스벤츠 기술진은 거북복의 외형을 본떠 만든 자동차를 연료 절약과 환경친화적인 측면에서 가장 이상적인 미래 자동차의 설계 개념으로 소개한 것이다.

전 세계의 늪에 서식하는 무척추동물인 완보동물緩步動物은 길이가 1mm 정도인 작은 생물이지만 생김새가 곰을 닮아 물곰이라 불리기

최신 기술에 영감을 준 자연의 지혜. 왼쪽 위부터 시계 방향으로 회전초, 모기, 거북복, 완보동물.

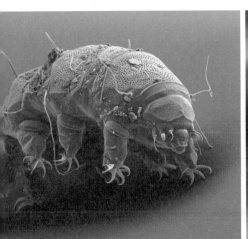

도 한다. 물방울 속에 사는 물곰은 물이 마를 경우 움츠러들면서 생명 활동이 일시적으로 멈추는 가사 상태에 빠진다. 이 상태에서 물곰은 물이 끓는 100℃ 이상에서도 살아남을 수 있고 결빙 온도보다 훨씬 낮은 영하 200℃에서도 얼어 죽지 않는다. 완보동물이 극한 환경에서 생존할 수 있는 것은 특수한 물질이 몸 안에서 생성되기 때문이다. 이 특수물질을 모방할 수 있다면 식량이나 의약품을 효과적으로 보존할 수 있을 것으로 기대된다. 특히 우주 공간으로 여행할 때 이 물질을 활용하면 극한 환경에서 건강을 유지하는 데 크게 보탬이 될 전망이다.

21세기 초반부터 생물의 구조와 기능을 연구하여 경제적 효율성이 뛰어난 물질을 창조하려는 과학 기술이 주목을 받기 시작했다. 이 신생 분야는 생물체로부터 영감을 얻어 문제를 해결하려는 생물영감bioinspiration과 생물을 본뜨는 기술인 생물모방biomimicry이다. 생물영감과 생물모방을 아우르는 용어가 해외에서도 아직 나타나지 않아 2012년 5월 펴낸 『자연은 위대한 스승이다』에서 '자연중심 기술'이라는 낱말을 만들어 사용하였다.

자연은 위대한 발명가이다. 지구상의 생물은 박테리아가 처음 나타난 이후 38억 년에 걸친 자연의 연구 개발 과정에서 갖가지 시행착오를 슬기롭게 극복하여 살아남은 존재들이다. 이러한 생물 전체가 자연중심 기술의 연구 대상이 되므로 그 범위는 가늠하기 어려울 정도로 깊고 넓다. 이를테면 생태학·생명공학·나노 기술·재료공학·로봇공학·인공지능·인공생명·신경공학·집단지능·건축학·에너지 등 첨단 과학 기술의 핵심 분야가 거의 망라되어 있다.

21세기 들어 생물영감 또는 생물모방이 각광을 받게 된 까닭은 크게 두 가지로 설명할 수 있다.

하나는 나노 기술의 발달이다. 생물의 구조와 기능을 나노미터, 곧 10억분의 1m 수준에서 파악할 수 있게 됨에 따라 생물을 본뜬 물질을 만들어낼 수 있게 되었기 때문이다. 대표적인 사례는 도마뱀붙이(게코) 발바닥과 연잎 표면을 모방하여 만들어낸 신소재이다.

야행성 동물인 게코는 몸길이가 꼬리를 포함해 30~50cm, 몸무게는 4~5kg 정도인 작지 않은 동물이지만 파리 따위의 곤충처럼 벽을 따라 기어올라가는가 하면 천장에 거꾸로 매달려 걷기도 한다. 만유인력의 법칙을 거스르는 게코의 능력은 발가락 바닥의 특수한 구조에서 비롯된 것으로 밝혀졌다. 게코 발가락 바닥에는 사람의 손금처럼 작은 주름이 새겨져 있는데, 이 작은 주름들은 뻣뻣한 털(강모)로 덮여 있다. 작은 빗자루처럼 생긴 강모의 끝에는 잔가지가 나와 있다. 잔가지의 끝부분은 오징어나 거머리의 빨판처럼 뭉툭하게 생겼으며 지름은 200나노미터 정도이다. 도마뱀붙이는 이런 나노 빨판을 10억 개 갖고 있다. 요컨대 발바닥의 나노 빨판 덕분에 게코는 벽이나 천장에서 밑으로 떨어지지 않고 기어다닐 수 있는 것이다. 2004년 게코의 나노 빨판을 모방한 접착제가 개발되어 다양하게 활용되고 있다.

미국 스탠퍼드대학교의 김상배 연구원은 게코처럼 미끄러운 벽면을 기어오를 수 있는 로봇을 개발하여 미국 시사주간지 〈타임〉에

도마뱀붙이(게코)를 본뜬 로봇인 스티키봇.

2006년 최고의 발명품으로 선정되기도 했다. 이 로봇 발바닥에는 게코 발바닥을 모방해 만든 나노 크기의 털이 붙어 있음은 물론이다.

연은 흙탕물에서 살지만 잎사귀는 항상 깨끗하다. 비가 내리면 물방울이 잎을 적시지 않고 주르르 흘러내리면서 잎에 묻은 먼지나 오염물질을 쓸어내기 때문이다. 연의 잎사귀가 물에 젖지 않고 언제나 깨끗한 상태를 유지하는 자기정화 현상을 연잎 효과lotus effect라고 한다. 연잎의 표면이 작은 돌기로 덮여 있고 이 돌기의 표면은 티끌처럼 작은 솜털로 덮여 있기 때문에 연잎 효과가 나타나는 것으로 밝혀졌다. 작은 솜털은 크기가 수백 나노미터 정도이므로 나노 돌기라 할 수 있다. 1999년 연잎 표면을 뒤덮은 나노 돌기의 자기정화 기능을 활용한 첫 번째 제품이 상용화되었다. 건물 외벽에 바르는 자기정화 페인트이다. 때가 끼는 것을 막아주는 자기정화 표면은 자주 청소를 해야 하는 생활용품에 쓰임새가 많다. 연잎 효과를 응용한 옷은 가령 음식 국물을 흘리더라도 손으로 툭툭 털어버리면 깨끗해진다.

자연중심 기술이 각광을 받게 된 또 다른 이유는 파란 행성 지구의 환경위기를 해결하는 참신한 접근 방법으로 여겨지기 때문이다. 1997년 미국의 생물학 저술가인 재닌 베니어스가 펴낸 『생물모방Biomimicry』에서 명쾌하게 일갈한 대목에 그 이유가 함축되어 있다.

"생물들은 화석 연료를 고갈시키지 않고 지구를 오염시키지도 않으며 미래를 저당 잡지 않고도 지금 우리가 하고자 하는 일을 전부 해왔다. 이보다 더 좋은 모델이 어디에 있겠는가?"

자연을 스승으로 삼고 인류 사회의 지속 가능한 발전의 해법을 모색하는 자연중심 기술은 녹색기술의 한계를 보완할 가능성이 커 보인다. 녹색기술은 환경오염이 발생한 뒤의 사후 처리적 대응의 측면이 강한 반면에 자연중심 기술은 환경오염 물질의 발생을 사전에 원천적으로 억제하려는 기술이기 때문이다.

이런 맥락에서 자연중심 기술이 발전하면 녹색경제의 대안으로 청색경제blue economy 시대가 개막될 가능성이 높은 것으로 전망된다. 2008년 10월 스페인에서 열린 세계자연보전연맹IUCN 회의에서 〈자연의 100대 혁신 기술Nature's 100 Best〉이라 불리는 보고서가 발표되었다. IUCN과 유엔환경계획UNEP의 후원을 받아 마련된 이 보고서는 생물로부터 영감을 받거나 생물을 모방한 2100개의 기술 중에서 가장 주목할 만한 100가지 혁신 기술을 선정하여 수록한 것이다.

이 보고서를 만든 사람은 재닌 베니어스와 군터 파울리이다. 파울리는 벨기에 출신의 저술가, 기업가, 환경운동가이다. 그는 1994년 일본 정부의 후원을 받아 생물영감 연구조직인 제리ZERI: Zero Emissions Research and Initiatives 재단을 설립했다.

2009년 5월 베니어스와 파울리는 이 보고서를 같은 제목의 책으로 발간했다. 2010년 6월 파울리는 자연의 100대 혁신 기술을 경제적 측면에서 조명한 저서인 『청색경제』를 펴냈다. 이 책의 부제는 '10년 안에, 100가지의 혁신 기술로 1억 개 일자리가 생긴다10 years, 100 innovations, 100 million jobs'이다. 파울리는 이 책에서 100가지 자연중심 기술로 2020년까지 10년 동안 1억 개의 청색 일자리가 창출되는 사례의 밑그림을 제시하면서 자연의 창조성과 적응력을 활용하는 청색 경제가 높은 수익과 부가가치를 보장할 뿐만 아니라 고용 창출 측면에서도 매우 인상적인 규모의 잠재력을 갖고 있음을 설득력 있게 보여주었다. 이런 맥락에서 자연중심 기술을 '청색기술blue technology' 이라는 이름으로 부를 것을 『자연은 위대한 스승이다』에서 제안한 바 있다.

청색기술이 발전하면 기존 과학 기술의 틀에 갇힌 녹색성장의 한계를 뛰어넘는 청색성장으로 젊은이들의 일자리를 창출할 가능성이 크기 때문에 국내 산업정책 전문가들이 주목할 만도 하다.

자연의 지혜를 배우면 지구를 환경위기로부터 구해낼 수 있다고 굳게 믿는 사람들은 생물영감 또는 생물모방을 단순히 과학 기술의 하나로 여기지 않고 이른바 '생태시대Ecological Age'를 여는 혁신적인 접근 방법으로 평가하고 있다.

(2012년 8월 12일)

떼지능
뭉치면 영리해진다

호주, 우간다, 코트디부아르, 나미비아의 초원에는 진흙으로 만들어진 탑들이 널려 있다. 3m 이상 솟아오른 이 구조물들은 흰개미가 세운 둔덕이다. 흰개미들은 진흙 알갱이에 침과 배설물을 섞어서 둔덕을 쌓아 올린다. 둔덕은 지역에 따라 모양이 제각각이다. 둔덕 안에는 흰개미 군체의 보금자리인 둥지가 있다.

나미비아의 대초원에 있는 원뿔 모양의 탑은 2m쯤 되는 구형의 둥지 안에 왕과 여왕의 거처, 새끼개미를 기르는 육아실, 버섯을 재배하는 방, 식량이 가득한 곳간 등 여러 종류의 방이 들어 있다. 이 둥지 안에서 200만 마리의 흰개미가 버섯을 길러 먹고 산다. 이 버섯은 흰개미의 창자 안에 들어가면 나무나 풀을 소화시키는 데 도움을 준다. 흰개미와 버섯은 공생관계를 유지하고 있는 셈이다.

흰개미 둥지.

둔덕 안의 둥지는 대개 지표면보다 아래쪽에 자리하기 때문에, 조그마한 곤충들이 힘을 들여 지표면 위로 거대한 탑이 높이 솟아오르는 둔덕을 만든 이유가 궁금하지 않을 수 없다. 둥지 안에서는 흰개미 수십만 마리가 엄청난 양의 산소를 소비하여 이산화탄소를 배출하면서 동시에 열을 발생시킨다. 둔덕 안의 버섯과 퇴비 역시 엄청난 양의 이산화탄소와 열을 내뿜는다. 흰개미들이 질식해서 죽지 않을뿐더러 버섯이 제대로 자라나려면, 이산화탄소와 열을 둥지 밖으로 내보내야만 한다. 또한 흰개미는 피부가 연약하므로 건조한 기후 조건에서 피부가 마르지 않으려면 습도를 적절하게 유지해야 한다. 요컨대 둥지 안의 공기와 온도를 조절하는 환기 시스템이 절대적으로 요구되는 것이다. 둔덕의 높이 솟은 탑이 그러한 기능을 하는 것으로 밝혀졌다.

흰개미 둥지는 탑의 중앙에서부터 꼭대기까지 커다란 굴뚝이 수직으로 쭉 뻗어 있다. 둥지 안에서 발생한 열과 이산화탄소가 뒤섞인 뜨거운 공기가 이 굴뚝을 통해 밖으로 빠져나가면서 둥지 안의 온도는 낮아진다. 한편 둔덕 바깥에서 바람이 불면 찬 공기가 지표면 바로 아래에 있는 다른 관을 통해 둥지 밑의 방으로 들어와서 더운 공기를 위로 밀어 올려 바깥으로 나가도록 한다. 흰개미 집은 어느 곳, 어떤 기후에서도 온도는 섭씨 27도, 습도는 60%를 유지한다.

몸길이가 0.5㎝에 불과하고 지능은 밑바닥이며 시력도 거의 없다시피 한 곤충들에게 둔덕을 세우는 데 필요한 청사진이 있을 까닭이 없다. 가령 흰개미는 탑의 높이, 다양한 방의 크기, 각종 통로의 위치 등을 알고 있을 리 만무하고, 환기 시스템이 어느 정도 이산화탄소를 배출하고 어느 정도 습도를 유지해야 하는지 알 턱이 없다. 요컨대 개개의 개미는 집을 지을 만한 지능이 없지만 흰개미 집합체는 역할이 상이한 개미들이 협력하여 진흙으로 벽을 만들고 굴을 뚫어 거대한 구조물을 쌓아 올린다.

1928년 미국의 곤충학자인 윌리엄 휠러(1865~1937)는 개개의 흰개미가 가진 것의 총화를 훨씬 뛰어넘는 지능과 적응 능력을 보여준 흰개미 집단을 지칭하기 위해 초유기체superorganism라는 용어를 만들었다. 흰개미의 집합체를 하나의 유기체와 대등하다고 생각한 것이다. 초유기체는 구성 요소가 개별적으로 갖지 못한 특성이나 행동을 보여준다. 하위수준(구성 요소)에는 없는 특성이나 행동이 상위수준(전체 구조)에서 자발적으로 돌연히 출현하는 현상은 다름 아닌 창발emergence이다. 창발은 초유기체의 본질을 정의하는 개념이다. 특히 개미, 흰개미, 꿀벌, 장수말벌 따위의 사회성 곤충이 집단행동을 할 때 창발하는 지능을 일러 떼지능swarm intelligence이라 한다.

사막의 개미 집단은 예측 불가능한 환경에 살면서도 매일 아침 일꾼들을 갖가지 업무에 몇 마리씩 할당해야 할지 확실히 알고 있다. 숲의 꿀벌 군체도 단순하기 그지없는 개체들이 힘을 합쳐 집을 짓기에 알맞은 나무를 고를 줄 안다. 카리브해의 수천 마리 물고기 떼는 한 마리의 거대한 은백색 생물인 것처럼 전체가 한순간에 방향을 바꿀 정도로 정확히 행동을 조율한다. 북극 지방을 이주하는 대단한 규모의 순록 무리도 개체 대부분이 어디로 향하고 있는지 정확한 정보를 갖고 있지 않으면서도 틀림없이 번식지에 도착한다.

2010년 8월 미국의 저술가인 피터 밀러는 사막의 개미 집단, 숲의 꿀벌 군체, 바다의 물고기 떼, 북극의 순록 무리를 통틀어 '영리한 무리smart swarm'라고 명명하고, 이런 동물의 무리와 인류가 공통의 문제를 안고 있다는 이론을 전개한 저서를 펴냈다. 책 이름 역시 『영리한 무리』이다. 이 책에서 밀러는 동물 집단이 효과적으로 협력할 수 있는 기본 원리를 밝혀내서 활용한다면 인류 사회의 문제 해결에 보탬이 될 수 있다고 주장했다.

영리한 무리의 떼지능은 건축에서 로봇공학까지 다양하게 활용되고 있다.

전기를 일절 사용하지 않고도 실내의 공기를 정화하고 온도와 습도를 조절하는 흰개미 둔덕은 자연 친화적인 건축을 추구하는 사람들을 매료시키고도 남았다. 남아프리카의 짐바브웨 태생인 믹 피어스는 흰개미 둔덕에서 영감을 얻어 이스트게이트센터Eastgate Center를 설계했다. 1996년 짐바브웨 수도에 건설된 이 건물은 무더운 아프리카 날씨에 냉난방 장치 없이도 쾌적한 상태가 유지된다. 이스트게이트센터는 벽돌로 지어진 두 개의 10층짜리 건물로 구성된다. 낮에는 열을 저장하고 밤에는 밖으로 내보내는 방식으로 실내 온도가 조절된다. 이렇게 해서 건물 바깥 온도가 섭씨 5도에서 33도 사이를 큰 폭으로 오르락내리락하는 동안에도 실내 온도는 섭씨 21~25도로 유지된다. 이스트게이트센터는 전기로 냉난방을 하는 건물에 견주어 에너지 사용량이 10%에 불과한 것으로 나타났다.

흰개미 둔덕에서 영감을 얻어 건설된
이스트게이트센터.

　떼지능은 다양한 문제를 해결하는 소프트웨어 개발에도 응용된
다. 떼지능을 본떠 만든 대표적인 소프트웨어는 개미 떼가 먹이를
사냥하기 위해 이동하는 모습을 응용한 것이다. 먼저 개미 한 마리
가 먹이를 발견하면 동료들에게 알리기 위해 집으로 돌아가는데 이
때 땅 위에 행적을 남긴다. 지나가는 길에 페로몬을 뿌리는 것이다.
요컨대 개미는 냄새로 길을 찾아 먹이와 보금자리 사이를 오간다.
개미가 냄새를 추적하는 행동을 본떠 만든 소프트웨어는 살아 있는
개미가 먹이와 보금자리 사이의 최단 경로를 찾아가는 것처럼 길을
추적하는 능력이 뛰어나다. 이러한 소프트웨어는 일종의 인공 개미

인 셈이다.

인공 개미 떼의 궤적 추적 능력은 전화회사의 설계기술자들을 흥분시킨다. 통화량이 폭주하는 통신망에서 최단 경로를 찾아내는 인공 개미를 활용할 수 있다면 통화를 경제적으로 연결해줄 수 있기 때문이다. 다시 말해 인공 개미가 교통체증을 정리하는 경찰관처럼 통화체증을 해소해줄 수 있을 것으로 기대된다.

개미 떼는 보금자리로 운반해야 할 먹이가 무거우면 여러 마리가 서로 힘을 합쳐 함께 옮긴다. 이런 떼지능을 본떠서 여러 대의 로봇이 협동하여 일을 처리하도록 하는 소프트웨어도 개발되고 있다. 또한 꿀벌 사회는 분업 체제를 갖추고 있다. 꿀벌 떼가 일을 분담하는 방법을 흉내 내서 생산 공장의 조립 공정을 효율적으로 운영하는 소프트웨어도 연구되고 있다.

떼지능은 개미·새·물고기 등의 집단에서 나타나는 자연적인 현상이지만, 로봇의 무리에서 출현하는 인공적인 것도 있다. 떼지능의 원리를 로봇에 적용하는 분야는 떼로봇공학swarm robotics이라 불린다. 대표적인 연구 성과는 미국의 센티봇Centibot 계획과 유럽의 스웜봇Swarm-bot 계획이다. 자그마한 로봇들로 집단을 구성하여 특별한 임무를 수행하도록 하는, 말하자면 떼지능 로봇 연구 계획이다.

미국 국방부(펜타곤)의 자금 지원을 받은 센티봇 계획은 키 30㎝인 로봇의 집단을 개발했다. 2004년 1월 이 작은 로봇 66대로 이루어진 무리를 빈 사무실 건물에 풀어놓았다. 이 로봇 집단의 임무는 건물에 숨겨진 무언가를 찾아내는 것이었다. 건물을 30분 정도 돌아다닌

떼지능의 원리를 적용한 스웜봇과 센티봇.

뒤에 로봇 한 대가 벽장 안에서 수상쩍은 물건을 찾아냈다. 다른 로 봇들은 그 물건 주위로 방어선을 쳤다. 마침내 센티봇 집단은 주어 진 임무를 제대로 완수한 것이다.

브뤼셀자유대학교의 컴퓨터과학자인 마르코 도리고가 주도한 스 웜봇 계획은 키 10㎝, 지름 13㎝에 바퀴가 달린 로봇을 개발하여 떼 지능을 연구했다. 1991년부터 개미 집단의 행동을 연구한 도리고는 로봇 12대가 스스로 무리를 형성하여 주어진 과제를 해결하는 실험 을 실시했다.

떼로봇공학은 전쟁터를 누비는 무인 차량이나 혈관 속에서 암세 포와 싸우는 나노 로봇 집단을 제어할 때도 활용될 전망이다. 미국 의 곤충 로봇 전문가인 로드니 브룩스 역시 "수백만 마리의 모기 로 봇이 민들레 꽃씨처럼 바람에 실려 달이나 화성에 착륙한 뒤에 메뚜 기처럼 뜀박질하며 여기저기로 퍼져 나갈 때 모기 로봇 집단에서 떼 지능이 창발할 것"이라고 확신하며, 곤충 로봇의 무리가 우주 탐사 임무를 성공적으로 수행할 수 있다고 주장한다.

하지만 곤충의 무리가 모두 영리한 것만은 아니다. 북아프리카와 인도에 사는 사막메뚜기는 대부분의 시기에 평화롭게 지내는 양순한 곤충이지만 갑자기 공격적으로 바뀌면 대륙 전체를 말 그대로 초토화할 정도이다. 몸길이가 10㎝인 연분홍색 곤충 수백만 마리가 떼지어서 몇 시간씩 하늘을 온통 뒤덮으며 날아다니는 광경은 마치 외계인이 지구를 공습하는 듯한 착각을 불러일으킨다. 2004년 서아프리카를 습격한 사막메뚜기 떼는 농경지를 쑥대밭으로 만들고 이스라엘과 포르투갈에서 수백만 명을 기아로 내몰았다.

떼지능은 집단지능collective intelligence의 일종이다. 상당수의 지식인들이 집단지능을 집단지성이라고 표현하는 것은 부자연스럽다. 가령 흰개미 떼에게 지능은 몰라도 지성이 있다고 할 수야 없지 않은가. 게다가 와글와글하는 군중이나 떼거리처럼 모든 집단이 반드시 지성적인 행동을 하는 건 아니지 않은가.

(2013년 5월 19일)

사하라 녹화 계획
사막풍뎅이가 물 문제를 해결한다

로마 제국의 율리우스 카이사르 군대가 북아프리카에 진주했을 때 삼나무가 빽빽하게 우거진 수풀이 끝없이 펼쳐 있었다. 카이사르의 군대는 농지를 만들기 위해 사하라 북쪽의 울울창창한 수풀을 철저히 파괴했다. 이렇게 개간된 땅에서 수확된 곡물은 몽땅 로마로 실려 갔다. 200년 동안 로마에 필요한 식량의 3분의 2 가량이 이곳으로부터 조달되었다.

북아프리카와 같은 열대에는 일 년 내내 거의 매일 비가 내려 활엽 상록수가 무성하게 자라는 지역이 있다. 이러한 지역의 정글을 열대우림rainforest이라고 한다. 그런데 최근 들어 지표면의 6%를 점유하는 열대우림이 급속도로 줄어들고 있어 인류의 생존을 위협하는 요인으로 부각되고 있다. 왜냐하면 열대우림은 지구 전체 생물종의

사하라 녹화 계획은 집광형 태양열 발전 기술을 활용한다.
집열기로 햇빛을 모아 열을 발생시키고 이 열로 바닷물에서
수증기를 발생시켜 전기를 생산한다.

절반 이상이 살고 있을 정도로 놀라운 생물다양성을 나타내는 지구
의 허파이기 때문이다.

열대우림이 줄어드는 속도를 늦추려면 벌목과 화전 농경을 저지
하는 수밖에 없다. 그러나 우림 개간은 1980년대부터 전 세계적으로
속도가 붙어, 가령 브라질은 정부 차원에서 아마존을 벌목하여 도로
를 건설하고 이주를 추진했다. 한때 아마존의 정글이 불타면서 생긴
연기가 상공을 뒤덮어 비행기 운행이 중단되고, 대기권으로 이산화
탄소를 내뿜어 지구 온난화를 촉진할 정도였다. 이런 상황에서 열대

우림의 감소를 상쇄하는 방법의 하나로 사막에 수풀을 조성하는 계획이 추진되고 있다. 사막에 나무를 심으려는 대표적인 시도는 사하라 녹화 계획_{Sahara Forest Project}이다. 사하라는 아랍어로 '사막'을 뜻한다.

사하라 녹화 계획은 비 한 방울 내리지 않는 사막에서도 말라 죽지 않는 풍뎅이로부터 영감을 얻어 시작되었다. 강수량이 적기로 유명한 아프리카 남서부의 나미브 사막에 서식하는 풍뎅이는 건조한 사막의 대기 속에 물기라고는 한 달에 서너 번 아침 산들바람에 실려 오는 안개의 수분뿐인데도 끄떡없이 살아간다. 안개로부터 생존에 필요한 물을 만들어낼 수 있기 때문이다.

나미브사막풍뎅이는 몸길이가 2cm이다. 등짝에는 지름이 0.5mm 정도인 돌기들이 1mm 간격으로 촘촘히 늘어서 있다. 이 돌기들의 끄트머리는 물과 잘 달라붙는 친수성인 반면에 돌기 아래의 홈이나 다른 부분에는 왁스와 비슷한 물질이 있어 물을 밀어내는 소수성_{疏水性}을 띤다.

나미브사막풍뎅이는 밤이 되면 사막 모래언덕의 꼭대기로 기어 올라간다. 언덕 꼭대기는 밤하늘로 열을 반사하여 주변보다 다소 서늘하기 때문이다. 해가 뜨기 직전 안개가 끼어 바다에서 촉촉한 산들바람이 불어오면 풍뎅이는 물구나무를 서서 그쪽으로 등을 세운다. 그러면 안개 속의 수증기가 등에 있는 돌기 끝 부분에만 달라붙는다. 돌기의 끄트머리는 친수성이기 때문이다.

수분 입자가 하나둘 모여 입자 덩어리가 점점 커져서 지름 0.5mm 정도의 방울이 되면 결국 무게를 감당하지 못하고 돌기의 끄트머리

사막의 물 문제를 해결하는 데 영감을 준
나미브사막풍뎅이.

에서 아래로 굴러떨어진다. 이때 돌기 아래의 바닥은 물을 밀어내는 소수성 표면이기 때문에 등짝에 모인 물방울은 풍뎅이의 입으로 흘러들어간다. 나미브사막풍뎅이는 이런 식으로 수분을 섭취하여 사막에서 살아남는다.

나미브사막풍뎅이가 안개에서 물을 만들어낸다는 사실은 1976년에 알려졌다. 하지만 아무도 그 비밀을 밝혀내려고 나서지 않았다. 2001년 영국의 젊은 동물학자인 앤드루 파커는 나미브사막에서 풍뎅이가 메뚜기를 잡아먹는 사진을 우연히 보게 되었다. 지구에서 가장 뜨거운 사막이었기 때문에 열대의 강력한 바람에 의해 사막으로 휩쓸려간 메뚜기들은 모래에 닿는 순간 죽었다. 그러나 풍뎅이들은 끄떡도 하지 않았다. 파커는 풍뎅이의 등에 있는 돌기에 주목하고, 거기에서 수분이 만들어진다는 사실을 밝혀냈다. 2001년 국제학술지 〈네이처〉 11월 1일자에 이 연구 결과가 발표되었다. 2004년 6월 파커는 나미브사막풍뎅이가 안개 속에서 물을 뽑아내는 비법을 응용한 제품을 개발하기 위해 특허를 획득했다.

나미브사막풍뎅이의 물 생산 기술을 모방하면 쓸모가 적지 않을 것 같다. 물을 모아주는 텐트를 만들 수 있다. 이 텐트는 건조한 지역에서 습기를 빨아들여 사람이 마실 물을 만들어낼 것이다. 공항에서 안개를 제거할 때도 풍뎅이의 집수 능력이 활용될 수 있다. 집수 능력이 있는 인공 풍뎅이는 무엇보다 물 문제 해결에 크게 도움이 될 것이다.

벨기에의 환경운동가인 군터 파울리가 2010년 6월 펴낸 저서인

『청색경제The Blue Economy』에는 풍뎅이의 집수 기술을 응용하는 사례가 다음과 같이 소개되어 있다.

"풍뎅이의 기술을 이용하여 대형 건물의 냉각탑으로부터 나오는 수증기에서 물을 모으는 실험을 한 결과, 물 손실의 10%를 복구할 수 있는 것으로 나타났다. 해마다 약 5만 개의 새로운 냉각탑이 세워지고 있으며, 각 시스템마다 날마다 5억 L 이상의 물이 손실되고 있다. 따라서 10% 절감 효과란 대단한 것이다."

한편 나미브사막풍뎅이가 물을 모으는 능력은 집수 설비를 설계하는 발명가에게 영감을 불러일으켜 건조한 지역에서 물을 생산하는 기술이 개발되었다. 1991년 영국의 찰리 파튼이 창안한 시워터 그린하우스Seawater Greenhouse, 곧 해수온실 기술이다. 이는 온실에서 바닷물과 태양 에너지를 사용하여 신선한 물과 공기를 만들어내고, 이 물로 바다와 가까운 불모지에서 농작물을 재배하는 기술이다.

바닷물을 퍼내서 온실로 보내면, 바닷물은 두 가지 과정을 거쳐 처리된다. 먼저 바닷물이 온실의 앞쪽 벽에 있는 해수 증발 장치로 졸졸 흐르면 온실 안으로 유입되는 공기가 축축하고 서늘해진다. 또한 특수하게 설계된 지붕을 통해 온실 안으로 들어온 햇빛이 바닷물을 증류하여 담수로 만든다. 한편 축축해진 온실 공기의 일부는 밖으로 배출되어 온실 근처에 있는 작물의 성장에 도움을 주기도 한다. 이와 같이 해수온실 기술은 바닷물을 사용해서 농작물의 재배에 알맞은 공기와 물을 만들어내기 때문에 전 지구적인 물 부족 문제를 해결하는 방안으로 여겨지고 있다.

해수온실 기술은 물론 바다 근처의 건조한 지역에 적용된다. 하지만 해수온실의 위치를 선정할 때는 바닷물을 온실로 퍼내는 데 소요되는 에너지 비용을 감안하지 않으면 안 된다. 1992년 아프리카 북서 해안 근처의 카나리아 제도에 처음으로 시제품이 설치되어 현실 적합성이 높은 기술로 판명되었으며, 2000년 아라비아 반도 동북부의 아랍에미리트 연방 수도인 아부다비에 두 번째로 설치되어 경제적 타당성이 확인되었고, 2004년 아라비아 동남단의 토후국인 오만에 세 번째 해수온실이 세워졌다. 2010년에는 호주에도 해수온실이 건조되었다.

해수온실 기술은 환경을 훼손하지 않고 단순한 설비를 사용하여 적은 비용으로 해수를 담수로 바꿔주기 때문에, 물 한 방울 없는 사막을 푸른 나무가 번성하는 수풀로 바꿔보려는 사람들에게 희망을 안겨주고 있다. 요컨대 해수온실 기술을 활용하여 사막에 수풀을 조성하려는 시도가 다름 아닌 사하라 녹화계획이다. 2008년 9월 찰리 파튼은 이탈리아 베니스에서 열린 국제회의에서 "사하라는 한때 농작물이 자랐지만 오늘날 사막이 된 지역으로, 충분한 물만 제공되면 다시 농사를 지을 수 있는 모든 장소를 뜻하는 단어"라고 강조했다. 이를테면 사하라 녹화 계획은 햇빛과 바닷물을 활용하여 사막에 식물이 자라나게 하고, 뜨겁고 건조한 지역에 사는 사람들에게 신선한 물과 먹거리, 환경을 오염시키지 않는 청정 에너지를 제공하려는 사업이다. 이 목적을 달성하기 위해 사하라 녹화 계획은 해수온실 기술을 집광형 태양열 발전CSP: concentrated solar power과 결합했다.

태양 에너지를 활용하는 집광형 태양열 발전은 태양전지를 사용하지 않고 햇빛으로부터 전기를 생산하는 재생 에너지의 일종이다. 사막에 각도 조절이 가능한 반사판(거울)을 설치하고, 이 거울을 이용하여 햇빛을 한 점, 곧 중앙부의 탑 상부에 있는 집열기에 모아서 그 열로 바닷물에서 수증기를 발생시킨다. 이 수증기로 재래식 증기터빈을 돌려 전기를 발생시킨다. 찰리 파튼은 "세계 사막의 1% 미만이라도 집광형 태양열 발전시설로 덮는다면, 전기를 오늘날 세계가 사용하는 것보다 훨씬 더 많이 생산해낼 수 있다"고 주장했다.

집광형 태양열 발전으로는 햇빛으로 청정 에너지를, 해수온실 기술로는 바닷물로 깨끗한 물과 시원한 공기를 만들어내기 때문에, 이두 가지 기술을 결합한 사하라 녹화 계획은 사막 한가운데에서 지구온난화를 촉진하지 않는 에너지를 얻고, 깨끗한 물을 만들어내어 식수로 사용할 뿐만 아니라 농작물도 재배하고, 수풀이 우거지도록 할수 있을 것으로 여겨진다.

2009년 12월 타당성 검토를 마친 사하라 녹화 계획은 첫 번째 시범 사업을 카타르에서 추진했다. 2012년 12월 600만 달러를 들여 완공한 해수온실에서 오이를 재배하는 것으로 알려졌다. 생산 원가 측면에서만 보면 이 세상에서 가장 비싼 오이가 아닌가 싶다. 2013년 영국의 과학주간지인 〈뉴 사이언티스트〉 5월 25일자에 따르면 요르단의 홍해 부근에 카타르의 해수온실보다 20배 더 큰 시설이 건립될 예정이다. 2013년 하반기에 착수될 이 사업에 요르단 정부가 10억 달러를 배정한 까닭은 그만큼 물 부족 문제가 심각하기 때문이다.

사하라 녹화 계획 전문가들은 2030년까지 아프리카의 사막은 물론 북남미 지역의 불모지에도 해수온실이 건설될 것으로 전망한다. 사하라 녹화 계획의 입지로는 해수면보다 낮은 지역이 경제적으로 유리하다. 바닷물을 끌어오는 데 소요되는 비용이 적게 들기 때문이다. 가령 카타라 분지Qattara Depression와 사해死海 지역이 가장 유리한 입지로 손꼽힌다. 이집트 북서부에 있는 리비아 사막의 분지인 카타라는 가장 낮은 곳의 해수면보다 133m 낮고, 팔레스타인 지역의 염수호인 사해는 호수면이 해수면보다 400m 낮다.

　사하라 녹화 계획은 나미브사막풍뎅이에서 영감을 얻어 추진되는 사업이다. 하찮은 벌레의 생존 기술이 지구를 살리는 데 보탬이 될 수 있다니 얼마나 경이로운가.

(2013년 8월 11일)

생물모방 옷감
솔방울 옷을 입고 테니스를 한다

2000년 시드니 올림픽에서 전신수영복을 입은 선수들이 금메달 33 개 중에서 28개를 휩쓸어갔다. 전신수영복은 상어의 지느러미를 모 방해서 만든 것으로 밝혀졌다. 이 수영복은 손으로 만지면 조금 거 칠게 느껴지는 미세돌기로 덮여 있다.

이처럼 생물의 구조와 기능을 본떠 만드는 직물이 의류 산업에 활 력을 불어넣을 것으로 전망된다.

상어는 바닷물 속에서 시속 50㎞로 헤엄칠 수 있다. 이는 어지간 한 구축함보다 빠른 속도이다. 상어의 피부는 매끄러울 것 같아 보 이지만 지느러미의 비늘에는 삼각형의 미세돌기들이 돋아나 있다. 10~100㎛(마이크로미터) 크기의 미세돌기는 조개나 굴보다 훨씬 작 아서 손으로 만지면 모래가 붙은 사포砂布 정도의 감촉으로 겨우 느껴질 정도이다. 이러한 돌기는 대개 물속에서 주위에 불규칙한 흐름, 곧 와류를 생기게 하므로 매끄러운 면에 비해 저항을 증가시키는 것으로 알려졌다. 그러나 1980년 미국 과학자들은 상어 지느러미의 비늘에 있는 미세돌기들이 오히려 저항을 감소시킨다는 사실을 밝혀냈다. 작은 돌기들이 물과 충돌하면서 생기는 작은 소용돌이가 상어 표면을 지나가는 큰 물줄기 흐름으로부터 상어 표면을 떼어놓는 완충제 역할을 하기 때문에 물과 맞닿는 표면의 마찰력이 최소화되어, 결국 물속에서 저항이 감소되므로 상어가 빠른 속도로 물속을 누비고 다닐 수 있다는 것이다. 상어 비늘이 일으키는 미세한 소용돌이가 표면 마찰력을 5%나 줄여준다고 한다.

상어 지느러미 표면의 돌기 구조를 모방한 전신수영복에는 상어 비늘에 달려 있는 삼각형의 미세돌기 같은 것들이 붙어 있다. 이처럼 수영복 표면을 약간 거칠게 만들면 선수 주위에서 빙글빙글 맴도는 작은 소용돌이를 없애주기 때문에 100m 기록을 0.2초 정도 단축시킬 수 있다고 한다. 0.01초를 다투는 수영 신기록 경쟁에서는 이만저만한 시간 단축이 아닐 수 없다.

2006년 러시아 태생의 테니스 선수인 마리야 샤라포바가 19세의 나이에 올린 국제대회 성적과 함께 그녀가 입고 나온 옷도 화제가 되었다. 솔방울 효과pine cone effect를 적용한 옷을 입고 시합을 했기 때문이다.

솔방울은 소나무에서 땅으로 떨어지는 순간 껍데기가 열리면서 안에 있는 씨앗이 밖으로 튕겨져 나온다. 솔방울이 열리는 까닭은 솔방울 껍데기가 습도에 따라 다르게 반응하는 두 개의 물질로 만들어져 있기 때문이다. 비가 오거나 서리가 내려 껍데기가 축축해질 경우, 바깥층의 물질이 안쪽 물질보다 좀 더 신속히 물을 흡수해 부풀어 오르기 때문에 솔방울이 닫히게 된다. 그러나 기온이 올라가 껍데기가 건조해지면, 바깥층의 물질에서 수분이 빠져나가면서 구부러지기 때문에 솔방울이 열리게 된다. 이처럼 건조한 시기에는 솔방울이 열리기 때문에 씨앗이 튀어나와서 바람에 실려 멀리 퍼져나가게 된다.

솔방울 껍데기의 두 물질이 서로 다른 속도로 온도나 습도에 반응하는 특성, 곧 솔방울 효과를 모방한 옷이나 건설 자재가 개발되고 있다. 2004년 영국의 생물모방 전문가인 줄리언 빈센트는 솔방울을 본뜬 옷을 개발했다. 옷에 날개처럼 펄럭이는 작은 천을 여러 개 달아놓은 운동복이다. 이 옷을 입으면 땀을 흘릴 때는 작은 천들이 열려 피부가 서늘해지고, 땀이 말라 피부가 냉각되면 작은 천들이 다시 닫히게 된다.

연잎을 본뜬 옷도 개발된다. 연은 연못 바닥 진흙 속에 뿌리를 박고 자라지만 흐린 물 위로 아름다운 꽃을 피운다. 연은 흙탕물에서 살지만 잎사귀는 항상 깨끗하다. 비가 내리면 물방울이 잎을 적시지 않고 주르르 흘러내리면서 잎에 묻은 먼지나 오염물질을 쓸어내기 때문이다. 연의 잎사귀가 물에 젖지 않고 언제나 깨끗한 상태를 유지하는 현상을 연잎 효과lotus effect라고 한다. 이러한 자기정화 효과는 잎의 습윤성wettability, 곧 물에 젖기 쉬운 정도에 달려 있다. 습윤성은

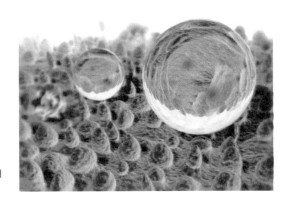

수많은 나노 돌기로 덮여 있어
물을 배척하는 연잎.

친수성과 소수성으로 나뉜다. 물이 잎 표면을 많이 적시면 물과 친하다는 뜻으로 친수성, 그 반대는 소수성이라 한다. 특히 물을 배척하는 소수성의 정도가 극심한 경우는 초소수성超疏水性이라 이른다.

독일의 식물학자인 빌헬름 바르트로트는 연잎 표면을 현미경으로 관찰하고, 잎의 표면이 작은 돌기로 덮여 있고 이 돌기의 표면은 티끌처럼 작은 솜털로 덮여 있기 때문에 초소수성이 되어 자기정화 현상, 곧 연잎 효과가 발생한다는 것을 밝혀냈다. 작은 솜털은 크기가 수백 나노미터 정도이므로 나노 돌기라 부를 수 있다. 수많은 나노 돌기가 연잎의 표면을 뒤덮고 있기 때문에, 물방울은 잎을 적시지 못하고 먼지는 빗물과 함께 방울져 떨어지는 것이다.

1992년 바르트로트는 자기정화 기능을 가진 제품의 상표로 '연잎 효과'라는 이름을 붙였으며, 1994년 7월 '연잎 효과'의 특허를 신청해서 1998년 특허를 획득했다.

연잎 효과의 아이디어에 대해 거부감을 나타낸 학자가 적지 않았으며 일부 학술지는 그의 논문 게재를 거부하기도 했다. 그러나 1999년 연잎 효과를 활용한 첫 번째 제품이 상용화되었다. 건물 외벽에 바르는 자기정화 페인트이다.

저절로 방수가 되고 때가 끼는 것을 막아주는 연잎 효과를 응용할 수 있는 가능성은 무궁무진하다. 무엇보다 청소를 자주 해야 하는 생활용품에 활용된다. 물에 젖지도 않고 더러워지지도 않는 옷도 개발되었다. 이 옷을 입으면 음식 국물을 흘리더라도 손으로 툭툭 털어버리면 된다. 이 옷의 섬유 표면에는 연잎 효과를 나타내는 아주 작은 보푸라기들이 수없이 많이 붙어 있다.

생물을 모방해서 염료나 안료를 일절 사용하지 않고 색깔을 내는 직물도 개발되고 있다. 자연에서 색소가 섞이지 않은 무색의 물질이 색깔을 나타내는 현상을 구조색structural colour이라 이른다. 물감에 의한 색은 어느 방향에서 보더라도 항상 같은 색으로 보이지만, 구조색은 무지갯빛처럼 보는 방향에 따라 색깔이 조금씩 달라진다. 구조색은 일상생활에서도 많이 볼 수 있는 현상이다. 예컨대 콤팩트디스크, 크레디트카드, 비눗방울에서 그런 현상이 나타난다. 자연에서는 공작새 깃털, 물총새, 무지개송어, 남아메리카에 사는 모르포Morpho 나비, 보석인 오팔에서 구조색 현상을 볼 수 있다.

구조색을 나타내는 모르포 나비의 날개는 눈이 부실 정도로 환한 푸른색을 띠고 있다. 물론 나비 날개에는 아무런 색소도 들어 있지 않다. 그럼에도 불구하고 푸른색을 띠는 까닭은 날개 표면을 덮고 있는 비늘이 광결정photonic crystal과 비슷하게 푸른색의 빛만 반사시키고 다른 색의 빛은 모두 흡수하기 때문인 것으로 밝혀졌다. 광결정은 특정 파장의 빛만을 반사시키고 나머지는 흩어지게 하는 나노 구조의 결정이다. 모르포 나비의 비늘은 나노미터 크기의 독특한 구조로 되어 있다.

모르포 나비의 구조색 기능을 흉내 낸 대표적 직물은 일본 기업이 내놓은 모르포텍스Morpho tex이다. 염료나 안료를 사용하지 않았지만 빛이 어떻게 비치는가에 따라 빨간색이나 보라색 또는 초록색으로 색깔이 바뀐다. 모르포텍스는 나노 기술을 이용하여 모르포 나비 날개의 비늘을 본떠 만든 직물이다.

2012년 1월부터 4개월 동안 영국 런던의 빅토리아앨버트박물관에서 거미 실크(명주실)로 만든 어깨망토를 전시하여 눈길을 끌었다. 여성 모델이 걸쳐 입는 모습도 공개되었다. 세계에서 가장 큰 거미 실크 의상인 이 망토는 2009년 9월 미국 뉴욕의 자연사박물관에 전시된 바 있는 황금빛 천으로 만든 것이다. 가로 3.3m, 세로 1.2m 크기의 이 옷감은 4년 동안 82명이 투입되어, 아프리카 마다가스카르섬의 전화선 전주에 집을 짓고 사는 황금무당거미 암컷 100여만 마리로부터 얻어낸 실크로 만든 것이다. 영국의 전문가와 미국의 사업가가 함께 추진한 사업으로 세인의 관심사가 되었다.

야생 거미가 분비하는 명주실로 옷을 만들려는 시도는 18세기부터 시도되었다. 1709년 프랑스 사람이 거미줄로 양말과 장갑을 짜서 황제에게 헌정하고, 1710년 프랑스 학술원에 논문을 제출했으나 채

최고의 생물재료로 손꼽히는 거미 실크
연구가 활발하다. 사진은 거미 실크로 만든
어깨 망토.

택되지 못했다. 과학자들은 1파운드(약 454g)의 실크를 분비하기 위
해 암컷 거미가 2만 7468마리 필요하다고 판단했기 때문이다.

　누에와 달리 민첩한 거미를 사육하는 어려움은 별개로 치더라도,
거미줄이 너무 가늘어서 옷감의 재료로는 애당초 부적합하다고 여
겨졌다. 어미 거미의 경우 1분에 150~180cm의 실크를 분비한다. 따
라서 5000마리의 거미가 수명이 다할 때까지 뽑아내는 실을 모두 합
쳐야 겨우 옷 한 벌을 짤 수 있다. 말하자면 경제성의 측면에서 거미
의 실크는 사용가치가 없었던 것이다.

　그러나 거미 실크가 지닌 보기 드문 특질은 끊임없이 과학자들의
관심을 사로잡았다. 아침 이슬을 받아 반짝이는 거미줄을 보면 금방
끊어질 것 같다. 하지만 같은 무게로 견줄 때 강철보다 20배나 질기
다. 게다가 나일론보다 두 배 더 늘어날 정도로 탄력적이다. 또한 방

수 기능이 있고, 인체에서 면역 거부 반응을 일으키지 않아 자연에서 생산되는 최고의 생물재료로 손꼽힌다.

1989년 미국의 랜디 루이스는 거미 실크를 만드는 유전자를 찾아냈다. 이를 계기로 거미줄을 대량생산하는 길이 열렸다. 1999년 캐나다에서 거미 실크의 단백질을 합성하는 유전자를 염소의 유방세포 안에 넣어서 염소가 젖으로 거미줄 단백질을 대량 분비하도록 했다. 2001년 미국에서 거미 실크 유전자를 담배와 감자의 세포 안에 삽입해 식물 잎에서 거미줄 단백질이 나오게 했다. 2010년 KAIST 이상엽 교수는 서울대학교 박영환 교수와 함께 거미 실크 유전자를 대장균에 집어넣어 거미 실크 단백질을 합성하는 데 성공했다.

머지않아 인공 거미줄이 대량생산되면 누에의 견사로 만든 비단옷처럼 고급스러운 거미 실크 의상을 걸친 여성들이 거리를 활보하게 될 것임에 틀림없다.

(2013년 2월 10일)

PART

6

창조경제

CONVERGENCE

창조경제의 의미
영재 기업인이 희망이다

우리는 호모 크리에이터Homo creator, 곧 '창조하는 인류'이다. 인류는 아이디어와 창의성으로 문명을 건설하고 문화를 꽃피웠다. 창의성의 산물은 대부분 경제적 가치가 있게 마련이다.

2001년 영국의 경영전략 전문가인 존 호킨스가 펴낸『창조경제The Creative Economy』는 '창조경제'라는 용어를 처음으로 만들어 사용하면서 창의성과 경제의 관계를 분석했다. 책의 부제는 '사람은 아이디어로부터 어떻게 돈을 버는가'이다.

호킨스에 따르면 창조경제CE는 창조생산품creative product의 거래 transaction로 성립되기 때문에 'CE=CP×T'라고 표현된다. 창조생산품, 곧 창조상품과 창조서비스는 대부분 지식재산intellectual property에 해당한다. 지식재산은 특허, 실용신안, 상표, 디자인 같은 산업재산

권과 저작권을 통틀어 일컫는 용어이다. 요컨대 지식재산이 창조산업과 창조경제의 핵심이다.

호킨스는 21세기에 창조경제가 빠른 속도로 성장하는 이유를 미국 심리학자인 에이브러힘 매슬로(1908~1970)의 욕구 단계hierarchy of needs 이론으로 설명했다. 매슬로는 인간의 욕구를 ①생리적 욕구, ②안전의 욕구, ③애정과 소속의 욕구, ④존경의 욕구, ⑤자아실현의 욕구처럼 5단계로 배열하고, 인간의 욕구는 각 단계가 충족되면 하위 단계에서 상위 단계로 올라가면서 새로운 것을 추구하게 된다고 주장했다. 호킨스는 산업화된 국가에서 소비자들이 자아실현의 욕구를 추구함에 따라 삶의 가치를 고양하는 창조상품과 창조서비스의 시장이 형성되었으며, 창조경제가 제조업이나 서비스 산업보다 2~4배 더 빠르게 성장하게 되었다고 설명했다.

2007년 펴낸 『창조경제』 증보판에서 호킨스는 창조경제를 15대 분야로 분류하고 2005년 기준으로 시장 규모를 소개했다.

시장이 큰 순서로 나열하면 연구개발(6760억 달러), 출판(6050억 달러), 소프트웨어(6000억 달러), 텔레비전과 라디오방송(2370억 달러), 산업디자인(1400억 달러), 영화(810억 달러), 음악(800억 달러), 완구류(590억 달러), 광고(550억 달러), 공연예술(500억 달러), 건축(450억 달러), 공예(300억 달러), 비디오게임(210억 달러), 패션(160억 달러), 미술(110억 달러)로 나타났다. 2005년 세계 창조경제 규모는 15대 분야를 집계하면 2조 7060억 달러이다. 세계은행에 따르면 같은 해 세계 총생산 규모가 44조 3850억 달러이므로 창조경

분야	세계	미국	영국	중국
건축	450	250	70	10
공연예술	500	130	30	5
공예	300	30	20	10
광고	550	220	160	10
미술	110	50	40	–
비디오게임	210	70	40	50
산업디자인	1400	490	230	40
소프트웨어	6000	4100	260	30
연구개발	6760	3300	420	170
영화	810	280	80	3
완구	590	220	60	30
음악	800	270	100	2
출판	6050	1260	440	100
TV/라디오	2370	850	210	50
패션	160	50	20	4
총계	2조 7060억	1조 1570억	2180억	510억

(단위: 억 달러)

출처: 존 호킨스, 「창조경제」(2007)

제는 세계경제의 6.1%를 차지한다.

2005년 세계 창조경제의 주도권은 1조 1570억 달러로 시장점유율이 42.7%를 웃도는 미국이 장악한 것으로 밝혀졌다. 중국은 510억 달러로 미국의 적수가 되지 못했다. 특히 과학 기술의 양대 분야인 연구개발과 소프트웨어에서 미국은 중국을 멀찌감치 따돌렸다. 연구개발은 미국(3300억 달러)이 중국(170억 달러)의 거의 20배, 소프트웨어는 미국(4100억 달러)이 중국(30억 달러)의 140배 가까이 될 정도로 현격한 차이가 났다. 미국이 창조경제 시장의 절대적 강자가 된 까닭은 지식재산 강국이기 때문이다. 2004년 지식재산이 미국 총생산의 45%를 점유할 정도이다. 창조산업이 다른 어떤 분야보다 미국 경제에 크게 기여하고 있는 셈이다.

지식재산이 기업의 경쟁력을 좌우하는 창조경제 시대가 도래함에 따라 세계 각국은 국가 생존 차원에서 지식재산 정책을 강화하였다. 미국은 백악관에 지식재산 집행 조정관을 두었으며, 제조업 강국인 일본은 2002년 총리가 지식재산 입국을 천명했다. 2008년 중국은 2020년까지 최고 수준의 지식재산 국가 건설을 겨냥하는 전략을 수립하고 2009년 3월 제11차 전국인민대표대회에서 지식재산 전략을 국가 발전의 3대 전략으로 공표했다.

한편 2008년부터 유엔무역개발협의회UNCTAD에서 세계 창조경제를 분석한 보고서를 펴내고 있다. 2010년 12월 간행된 〈2010년 창조경제 보고서〉를 보면 창조경제를 '창의성, 문화, 경제, 기술 사이의 융합을 다루는 개념'으로, 창조산업은 '예술, 문화, 산업, 기술이 교차점에서 만나는 것'이라고 정의되어 있다. 이 보고서는 창조산업을 전통문화, 예술, 미디어, 기능적 창조 등 4대 부문으로 분류한다.

전통문화는 전통문화 표현(공예·축제)과 문화유산(역사적 기념물·박물관·도서관·고문서 보관소)을 포함한다.

예술은 시각예술(그림·조각·골동품·사진)과 공연예술(음악·연극·무용·오페라·서커스)로 나뉜다.

미디어는 출판 및 인쇄 미디어(서적·신문·출판물), 시청각 미디어(영화·라디오·텔레비전), 뉴미디어(디지털콘텐츠·소프트웨어·비디오게

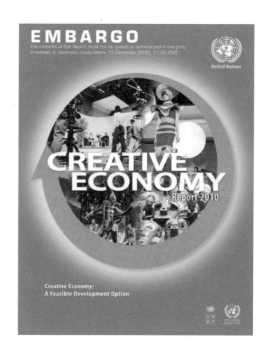

〈2010년 창조경제 보고서〉의 표지.

임·만화영화) 등 3개 분야로 구성된다.

기능적 창조에는 디자인(인테리어·그래픽·패션·장신구·완구류)과 창조서비스(건축·광고·문화서비스)가 있다.

〈2010년 창조경제 보고서〉에 따르면 2008년과 2009년은 지난 70년 동안에 세계 경제가 가장 불황이었던 시기였음에도 불구하고 창조경제는 상승세를 유지한 것으로 나타났다. 가령 2008년 세계 무역은 12% 하락했지만 창조상품과 창조서비스의 세계 무역 시장은 꾸준히 성장해 5920억 달러가 되었다. 이는 2002년부터 2007년까지 6년간 연속해서 평균 14%의 연간 성장률이 유지된 결과가 반영된 수치라고 분석된다.

이 보고서는 창조경제가 경이적인 성장을 하게 된 이유를 세 가지로 설명했다.

첫째로 디지털 혁명의 핵심인 정보통신 기술ICT이 전 세계적으로 확산되어 창의적인 콘텐츠의 제작·보급·소비가 용이해졌기 때문이다. 특히 정보통신 기술이 미디어와 융합하여 소비자들은 다양한 형태의 창조상품과 창조서비스를 선택적으로 사용할 수 있게 되었다.

둘째로 산업화된 나라에서 새로운 세대의 소비자들이 문화적 욕구를 충족시키기 위해 창조생산품을 찾게 되었기 때문이다. 소득 수준이 높아진 소비자는 인터넷과 이동전화를 사용하여 문화적 체험의 폭을 넓힘과 동시에 스스로 문화적 콘텐츠의 생산자가 되기도 한다.

셋째로 전 세계적으로 관광여행이 활성화되면서 덩달아 창조상품과 창조서비스를 판매하는 산업도 성장했기 때문이다. 관광객은 문화 서비스뿐 아니라 전통 공예품 같은 창조상품을 구매한다. 문화유산을 소개하는 문화관광 사업도 창조경제의 성장에 한몫하고 있음은 물론이다.

2010년 7월 『창조생태학Creative Ecologies』을 펴낸 호킨스는 창조경제 시대에 성공적으로 적응하기 위해 지켜야 할 규칙 열 가지를 제시했다.

① **자기 자신을 창조하라** – 독특한 개인적 재능을 창조한다. 자신만의 이미지를 만든다. 원한다면 학교를 빨리 그만두어도 좋다. 하지만

배우는 것을 그만두면 안 된다.

② **자료보다 아이디어를 더 중요하게 여겨야 한다** – 자신만의 창조적 상상력을 키운다. 특허·저작권·상표 같은 지식재산을 이해한다.

③ **떠돌아 다녀라** – 유목민은 모든 나라가 자신의 집이다. 그렇다고 외톨이가 되어서는 안 된다. 생각은 홀로 하되 일은 함께해야 한다.

④ **자신의 생각으로 자신을 규정하라** – 남이 당신에게 부여한 직책으로 자신을 규정해서는 안 된다.

⑤ **끝없이 학습해야 한다** – 남의 지혜를 빌려서 끊임없이 혁신해야 한다. 당신이 어디에서 아이디어를 구했는지는 중요하지 않다. 진실로 중요한 것은 그 아이디어로 무엇을 했는가 하는 것이다.

⑥ **명성을 얻어서 활용하라** – 명성을 일단 얻게 되면 비용을 들이지 않고도 많은 것을 보상받을 수 있다. 유명세를 탄다는 것은 창조경제에서 가장 중요한 경쟁력이다.

⑦ **친절해야 한다** – 누구나 자신이 대접받은 만큼 상대에게 하기 마련이므로 친절하면 창조적 지식을 얻을 기회가 많아진다.

⑧ **성공은 공개적으로 축하하자** – 창의적인 사람은 자신의 성공과 실패에 엄격하다. 그러나 남의 성공은 공개적으로 칭찬하는 열린 마음을 갖도록 한다.

⑨ **야망은 많이 가질수록 좋다** – 야망 없이 어찌 꿈을 이룰 수 있으랴.

⑩ **무엇보다 즐겨라** – 창의적인 인물들은 한결같이 자신의 일을 즐겼다. 자신을 즐길 줄 아는 사람일수록 행복할 뿐만 아니라 더 많이, 더 빨리 자신의 목표를 달성하지 않던가.

창조경제는 창의적인 기업가를 필요로 한다. 이를테면 지식재산 기업을 창업한 마이크로소프트의 빌 게이츠, 애플의 스티브 잡스, 구글의 세르게이 브린, 페이스북의 마크 저커버그와 같은 영재 기업인이 배출되지 않으면 세계 지식재산 전쟁에서 승리할 수 없으며 국가 경제의 성장 동력을 확보하기 어렵다.

영재 기업인은 미래에 대한 통찰력, 창의성, 과제 몰입력, 도전의식이 남다른 것으로 나타났다. 2009년 4월 빌 게이츠의 아버지가 펴낸 『삶을 보여준다Showing Up for Life』를 보면 게이츠는 고교 시절 책을 미친 듯이 읽었으며 하버드대학교를 중퇴할 때까지 7년간 컴퓨터 프로그램 작업에 몰두하여 밤을 새우기 일쑤였다.

게이츠, 잡스, 브린, 저커버그는 공통적으로 창의력이 뛰어난 발명 영재들이다. 발명 영재를 조기에 발굴하여 영재 기업인으로 육성해 성과를 거둔 대표적인 사례는 미국 '매사추세츠공과대학교 기업가정신 센터MIT Entrepreneurship Center'이다. 이곳에서는 MIT 학생들에게 소규모 첨단 기술 기업을 창업하는 데 필요한 마음가짐과 핵심 역량을 가르친다. MIT 출신은 해마다 수백 개의 발명특허를 내서 여러 개의 새로운 회사를 창업한다.

우리나라 역시 특허청이 주도하여 영재 기업인을 육성하고 있다. 2010년 KAIST와 포항공대에 나란히 '영재 기업인 교육원'이 설립되었다. 소수 정예의 발명 영재를 선발해 지식 융합, 미래 기술, 기업가정신 같은 과목으로 기본 자질을 함양하여 창조경제의 주역으로 길러내고 있다.

2009년 8월 출간된 『기업가정신Entrepreneurship』 제3판에 따르면 기업가는 타고나는 것이 아니라 만들어진다. 누구나 개인적 선택에 따라 기업가로 성공할 수 있다는 뜻이다. 스티브 잡스 같은 영재 기업인이 여러 명 배출된다면 얼마나 반가운 일이겠는가.

(2013년 2월 24일)

창조경제의 4대 키워드
우리는 이미 창조경제 시대를 살고 있다

박근혜 정부의 제1국정목표인 창조경제의 청사진이 제대로 제시되지 않아 그 개념과 실현 방안을 놓고 의견이 분분한 것 같다.

창조경제는 2001년 7월 영국의 경영전략 전문가인 존 호킨스가 펴낸 『창조경제』에 처음 소개되었다. 호킨스는 "창의성은 반드시 경제적인 활동은 아니지만 경제적 가치나 거래 가능한 상품을 만들어낼 수도 있다"고 전제하고 창의성과 경제의 관계를 분석했다. 또한 그는 창조경제에 대해 "원재료는 사람의 재능이다. 새롭고 독창적인 아이디어로 경제적 자본과 상품을 창조하는 끼를 말한다"고 강조하고, "가장 가치가 있는 통화는 돈이 아니라 만질 수도 없고 이동성이 강한 아이디어와 지식재산"이라고 설명했다. 호킨스는 지식재산으로 특허, 상표, 디자인, 저작권 등 네 가지를 꼽았다. 4대 지식재산 산업으로 형성되는 창조산업은 건축·공연예술·공예·광고·미술·비디오게임·산업디자인·소프트웨어·연구개발·영화·완구·음악·출판·TV/라디오·패션 등 15대 분야로 분류했다.

창조경제에 관련된 이론도 발표되었다. 2000년 6월 미국 하버드대학교의 정치경제학자인 리처드 케이브즈는『창조산업Creative Industries』을 펴내고 책의 부제인 '예술과 상업 사이의 계약'처럼 예술 중심으로 창조경제에 접근했다. 그는 창조산업을 일곱 개의 경제적 특성으로 규정했다.

① **아무도 모른다**(Nobody knows): 수요의 불확실성이 존재한다. 창조생산품에 대한 소비자의 반응을 사전에 알 수도 없을뿐더러 사후에도 쉽게 파악하기 어렵기 때문이다.

② **예술을 위한 예술**(Art for art's sake): 창조적 노동자는 독창성, 기술적 능력, 전문적 숙련에 관심이 많으며 평범한 일이면 아무리 급여가 많아도 사양할 만큼 예술지상주의자이다.

③ **잡다한 기량**(Motley crew): 비교적 복잡한 창조생산품을 만드는 데는 다양하게 숙련된 기량이 요구된다.

④ **무한한 다양성**(Infinite variety): 창조생산품은 품질과 독창성으로 차별화된다. 모든 창조생산품은 선택의 다양성이 무한하다.

⑤ **기량의 등급**(A list/B list): 예술가는 기량·독창성·숙련도에 의해 평가된다. 그러므로 기량과 재능에서 조그마한 차이가 상업적 성과에서는 커다란 차이를 야기할 수도 있다.

⑥ **세월은 유수 같다(Time flies):** 다양하게 다듬어진 기량으로 복잡한 계획을 조정할 때 시간이 가장 중요하다.

⑦ **예술에 이르는 길은 멀다(Ars longa):** 예술은 길고 인생은 짧다. 어떤 창조생산품은 저작권 보호가 필요할 만큼 수명이 오래 간다. 이 경우 지식재산 사용료가 지불되어야 한다.

2002년 4월 미국의 경제칼럼니스트인 리처드 플로리다는 『창조계급의 부상The Rise of the Creative Class』을 펴냈다. 이 책은 출간 10주년이 되는 2012년 6월 개정증보판이 나왔다. 또한 그는 2004년 11월 『도시와 창조계급Cities and the Creative Class』을 출간하기도 했다.

플로리다에 따르면 창조계급은 '도시를 중심으로 경제적·사회적·문화적 역동성을 창조하는 전문적·과학적·예술적 노동자 집단'이다. 창조계급은 과학자·기술자·건축가·디자이너·교육자·화가·음악가·연예 종사자·법률가·기업인·금융인 등으로 형성되며 이들의 경제적 기능은 새로운 아이디어, 새로운 기술, 새로운 콘텐츠를 창조하는 것이다.

플로리다는 "창의성은 반드시 지적인 것만은 아니다. 창의성은 종합하는 능력을 포함한다. 창의성은 거친 낟알을 체질해서 쓸모 있는 낟알을 가려내는 것처럼 각종 자료에서 쓸 만한 것을 찾아내서 새롭고 유용한 것을 만들어내는 일"이라고 강조했다. 또 창조계급은 예술가이건 과학자이건 기업가이건 창의성·개성·차별성·수월성을 소중히 여기는 창조적 기풍ethos을 공유해야 한다고 주장했다. 말하

미국 창조계급 비중					
					(단위: %)
	창조계급	초창조계급	제조계급	서비스계급	농업 부문
1900년	10.0	2.4	35.8	16.7	37.5
1950년	16.6	4.4	41.1	30.5	11.9
1980년	18.7	8.2	31.7	46.2	2.8
1991년	25.4	9.2	26.0	45.7	3.0
1999년	30.1	11.7	26.1	43.4	0.4

출처: 리처드 플로리다, 「창조계급의 부상」(2002)

자면 창조계급의 가치는 개성·실력·다양성·개방성에 있다고 할 수 있다. 결론적으로 창조계급은 창의성을 통해 경제적 가치를 창출하는 사람들이다.

플로리다에 따르면 미국의 경우 창조계급은 1900년 10%에서 1950년 16.6%, 1980년 18.7%, 1991년 25.4%, 1999년 30.1%로 증가했다. 초창조계급super-creative class 역시 1900년 2.4%에서 1950년 4.4%, 1980년 8.2%, 1991년 9.2%, 1999년 11.7%로 늘어났다. 두 계층을 합치면 미국의 창조산업 관련 종사자는 1900년 12.4%에서 1950년 21%, 1999년 41.8%로 가파르게 상승하고 있는 셈이다. 21세기 초에 창조계급은 미국 노동자 전체 소득의 절반에 해당하는 1조 7000억 달러를 챙겼는데, 이는 제조 및 서비스 분야 근로자의 소득과 맞먹는 액수인 것으로 추산된다.

2005년 4월 플로리다는 『창조계급의 비상The Flight of the Creative Class』을 펴내고 책의 부제인 '재능을 향한 새로운 지구적 경쟁the new global competition for talent'처럼 창조경제가 세계적으로 확산됨에 따라 인류가

'창조시대Creative Age'로 진입하고 있다고 주장했다. 이 책에서 플로리다는 경제 성장의 3T 이론을 제안했다. 기술technology, 끼talent, 관용tolerance이 경제 성장의 3대 요소라는 이론이다. 기술과 끼에 관용을 새롭게 추가한 까닭은 필요한 인적 자원을 끌어당기려면 관용이 중요하다고 여겼기 때문이다.

창조경제는 존 호킨스, 리처드 케이브즈, 리처드 플로리다의 이론으로 체계화되긴 했지만 아직도 합의된 정의가 없어 입장과 편의에 따라 다양한 의미로 사용되고 있는 실정이다. 2008년부터 세계 창조경제 보고서를 펴내고 있는 유엔무역개발협의회UNCTAD 역시 창조경제에 대해 다양한 설명을 시도한다. UNCTAD는 2008년 4월 펴낸 〈2008년 창조경제 보고서〉에서 창조경제를 다음과 같이 정의했다.

- 창조경제는 소득 발생, 일자리 창출, 수출 신장을 촉진할 수 있으며 사회적 통합, 문화적 다양성, 인간 개발을 조장할 수 있다.
- 창조경제는 기술, 지식재산, 관광 산업이 상호작용하는 경제적·문화적·사회적 측면을 포함한다.
- 창조경제는 개발 차원과 거시적 및 미시적 수준에서 각각 경제 전반에 개입하는 지식 기반의 경제적 활동이다.

이런 관점에서 UNCTAD는 2010년 12월 펴낸 〈2010년 창조경제 보고서〉에서 창조경제는 지난 10여 년 동안 지속적으로 진화하고 있는 주관적 개념이라고 설명했다.

한편 창조경제가 새로운 경제 패러다임으로 부상하면서 문화 전문가인 찰스 랜드리가 제안한 창조도시 개념이 주목의 대상이 되었다. 랜드리는 2000년 『창조도시The Creative City』를, 2006년 『도시 건설의 예술The Art of City Making』을 펴냈다. 랜드리에 따르면 창조도시는 '다양한 종류의 문화적 활동이 도시의 경제적 및 사회적 기능의 필수적 요소가 되는 도시'를 뜻한다. 랜드리는 창조도시가 네 가지 뜻을 지닌 것으로 여겨진다고 주장했다.

① 창조도시는 '예술과 문화의 하부구조'이다. 창조도시는 탄탄한 문화적 하부구조에 세워졌다고 할 수 있다.
② 창조도시는 '창조경제와 창조산업'이다. 창조도시의 핵심에는 문화예술 유산, 오락 산업, 창조서비스가 존재하며 광고와 디자인이 창조도시의 혁신을 이끌어내는 원동력 역할을 한다.
③ 창조도시는 '창조계급'과 동의어이다. 창조도시의 한 가지 결정적인 자원은 다름 아닌 사람이다. 창조적인 사람이 창조시대를 주도할 것이기 때문이다.
④ 창조도시는 '창의성의 문화를 육성하는 장소'이다. 이런 맥락에서 창조도시는 창조경제나 창조계급보다 광범위한 개념이라 할 수 있다.

결론적으로 창조도시는 건물이나 도로와 같은 하드웨어뿐만 아니라 창의적인 사람들로 형성된 소프트웨어를 하부구조로 갖춘, 창조경제의 중심이다.

전 세계적으로 60개 정도의 도시가 창조도시라고 불릴 만한 여건을 갖추고 있는 것으로 여겨진다. 2004년 유네스코는 이러한 도시들이 창조산업을 육성하고 있지만 성장 잠재력을 충분히 활용하지 못하는 사례가 적지 않다고 판단하고 '유네스코 창조도시 네트워크'를 구축했다. 이 네트워크의 목적은 창조도시들이 창조산업을 통해 지역사회 발전을 성취한 노하우, 경험, 실행 전략을 서로 공유할 수 있게끔 전 세계적으로 문화적 집단을 형성하는 데 있다. 이런 취지로 유네스코는 일곱 개의 주제로 네트워크를 만들었다. 이 네트워크에 선정된 도시는 문학, 영화, 음악, 공예 및 민중예술, 디자인, 미디어예술, 요리법gastronomy 등 일곱 개 주제 중에서 한 분야를 선택해서 집중적인 노력을 투입한다.

현재 7대 창조산업 분야에서 34개 도시가 '유네스코 창조도시 네트워크' 명단에 등재되어 있다.

- **문학:** 에든버러(영국), 멜버른(호주), 더블린(아일랜드) 등 6개
- **영화:** 시드니(호주), 브래드퍼드(영국) 등 2개
- **음악:** 볼로냐(이탈리아), 글래스고(영국), 보고타(콜롬비아) 등 5개
- **공예 및 민중예술:** 샌타페이(미국), 이천(한국), 가나자와(일본), 아스완(이집트), 항저우(중국) 등 5개
- **디자인:** 부에노스아이레스(아르헨티나), 베를린(독일), 몬트리올(캐나다), 나고야, 고베(이상 일본), 선전, 상하이, 베이징(이상 중국), 서울(한국) 등 11개

- **미디어 예술:** 리옹(프랑스)

- **요리법:** 포파얀(콜롬비아), 청두(중국), 전주(한국) 등 4개

우리나라는 2010년 7월 도자기로 유명한 이천이 23번째 도시로 공예 분야에 선정되고 같은 시기에 서울도 디자인 도시에 이름을 올렸다. 2012년 5월 비빔밥의 도시인 전주가 요리 분야에 선정되어 우리나라는 모두 3개 도시가 명단에 들어 있다.

창조경제, 창조산업, 창조계급, 창조도시 등 네 가지 개념을 찬찬히 음미해보면 우리가 이미 창조경제 시대에 살고 있음을 실감할 수 있다.

(2013년 4월 7일)

대통령 프로젝트 성공 사례
미국 대통령과 과학 기술

청년 실업 문제를 일거에 속 시원히 해결해주는 요술 방망이가 어디 없을까. 일자리를 창출하는 일은 부자 나라인 미국도 풀기 어려운 숙제인 것 같다. 2009년 미국 경제주간지 〈비즈니스위크〉 9월 7일자 커버스토리는 "향후 3년간 보수가 괜찮은 일자리 100만 개를 새로 만들어낼 수 있는 산업이 있는가"라고 묻고 "하나도 없다"고 꼬집었다.

미국은 경제 불황으로 사라진 일자리 670만 개를 벌충하고 향후 10년간 필요한 일자리 1000만 개를 해결하기 위해 모두 1700만 개를 창출해야 하지만 실현 가능성은 낮은 것으로 분석되었다. 가장 중요한 이유는 미국 경제의 성장 동력에 연료가 떨어졌기 때문이라는 의견이 지배적이다.

성장 동력의 연료는 다름 아닌 과학 기술이다. 미국 경제는 두 종류의 과학 기술, 곧 기초 과학과 응용 기술이 균형을 유지하며 발전한 덕분에 고속 성장이 가능했다. 기초 과학의 연구 성과는 대기업과 벤처기업에 의해 상용화되어 경제 발전에 엄청난 기여를 했다. 이를테면 기초 과학의 성과가 응용 기술에 의해 산업화되는 미국식 사업 모델이 성공적으로 운영되었기 때문에 급여 수준이 높은 일자리를 수백만 개씩 새로 만들어낼 수 있었던 것이다.

이런 사업 모델을 뒷받침한 대표적 사례는 정보통신 혁명을 이끌어온 벨 연구소이다. 1925년 전화 발명자인 알렉산더 그레이엄 벨(1847~1922)의 이름을 따서 설립된 벨 연구소는 연구진이 노벨 물리학상을 일곱 차례나 받은 원천 기술의 산실이다. 특히 1947년 트랜지스터를 발명해 반도체 혁명의 기폭제 역할을 했으며 그 공로로 1956년 윌리엄 쇼클리(1910~1989) 등이 노벨 물리학상을 거머쥐었다. 1948년 수학자인 클로드 섀넌(1916~2001)은 정보이론을 최초로 정립한 역사적 논문을 발표해 정보통신 기술 발전에 주춧돌을 놓았다. 벨 연구소는 80여 년 동안 반도체, 컴퓨터, 정보통신 분야에서 획기적인 성과를 쏟아내서 수많은 기업과 일자리를 만들어냈다.

2012년 3월 미국의 저술가인 존 거트너가 벨 연구소의 역사를 정리해서 펴낸 『아이디어 공장The Idea Factory』은 벨 연구소의 발견과 발명이 기술혁신을 불러오고 혁신은 산업의 생산성을 끌어올려 결국 미국의 경제 성장으로 이어지는 과정을 생생히 보여준다. 저자는 20세기에 벨 연구소가 세계에서 가장 혁신적인 연구 조직임과 동시에 가장 뛰어난 비즈니스 조직일 수 있었던 까닭은 아이디어를 내는 과학

경제 성장의 동력은 기초 과학과 응용 기술의 결합에서 나온다.
이런 모델을 뒷받침한 대표적 사례가 정보통신 혁명을 이끌어온
미국의 벨 연구소이다.

자와 그 아이디어를 제품으로 만드는 기술자가 협력하는 독특한 문화가 형성되었기 때문이라고 분석했다. 그러나 세계 최고의 산업 연구기관으로 군림하던 벨 연구소는 우여곡절 끝에 세계 과학 기술의 중심에서 멀어졌고 2005년 프랑스의 통신회사에 인수되고 만다. 사장에는 벤처 창업으로 크게 성공한 김종훈 박사가 영입되었다.

『아이디어 공장』의 끝 부분에는 벨 연구소의 한 작업장이 다음과 같이 묘사되어 있다. "건물에 남아 있는 사람이라곤 순찰 경비원뿐이었다. 텅 빈 거대한 빌딩으로 이어지는 긴 진입로의 포장 틈새로

잡초가 삐져나오기 시작했다."

세계 과학 기술의 심장이었던 벨 연구소는 이제 역사 속으로 사라질 운명이다. 벨 연구소의 쇠락은 기초 과학과 응용 기술의 연결 고리가 끊어진다는 의미에서 미국식 사업 모델이 붕괴된 상징적 사례로 언급된다. 미국의 첨단 기술 기업인 IBM·마이크로소프트·휼렛패커드 역시 연구 개발 예산을 대부분 3~5년에 승부가 나는 응용 과제에 투입하고 기초 과학 분야에는 3~5%만을 투입하고 있는 것으로 나타났다. 이러한 상황에서 원천 기술 연구를 강화하는 것만이 미국식 사업 모델을 되살려내 새로운 일자리를 창출할 수 있는 지름길로 여겨지고 있다.

기초 연구 결과를 하나의 산업 또는 제품으로 실현하는 데는 15년 이상 소요된다. 〈비즈니스위크〉 커버스토리는 이 기간을 단축하기 위해 두 번의 역사적 성공 사례에서 배울 것을 주문했다. 하나는 제2차 세계대전 당시 원자폭탄을 제조한 맨해튼 계획이고, 다른 하나는 1969년 사람을 달에 처음 보낸 아폴로 계획이다.

1939년 8월 프랭클린 루스벨트(1882~1945) 대통령은 독일에서 망명한 과학자들이 히틀러가 원자탄을 만들 가능성이 있다고 경고한 서한을 받고 10월에 핵문제 자문기구를 구성한다. 그러나 1941년 12월 진주만 공격을 당할 때까지 독일의 핵무기 기술에 대해 심각하게 생각하지 않았다. 1942년 유럽에서 전쟁 상황이 악화되면서 루스벨트는 개발 책임자를 교체하고 연구를 독려했다. 미국의 이론물리학자인 줄리어스 로버트 오펜하이머(1904~1967)는 전문가들과의 끝장

토론으로 개발 방향에 대한 합의를 이끌어낸다. 그의 역할이 그만큼 결정적이었기 때문에 그는 훗날 '원자탄의 아버지'라 불렸다. 1942년 9월부터 본격적으로 추진된 맨해튼 계획에는 20억 달러(2013년 기준 260억 달러)가 투입되고 미국·영국·캐나다 등 3개국의 30개 지역에서 수천 명의 과학자를 포함해 13만 명이 참여했다. 이들 가운데서 맨해튼 계획의 진짜 목적이 역사상 최초의 핵무기를 제조하는 것임을 알았던 사람은 오펜하이머의 지휘를 받던 과학자 100명뿐이었던 것으로 알려졌다. 어쨌거나 나치 정권이 항복한 뒤 1945년 7월 미국의 사막에서 마침내 최초의 핵폭발 실험이 성공했다. 8월 미국은 일본의 히로시마와 나가사키에 원자탄을 한 발씩 떨어뜨렸다. 수십만 명의 일본 사람이 죽고 일본 천황은 무조건 항복을 한다. 맨해튼 계획은 6년간(1939~1945) 진행되었지만 실질적으로는 루스벨트 대통령이 발 벗고 나선 1942년부터 3년 만에 성공적으로 마무리된 셈이다.

1961년 5월 존 F. 케네디(1917~1963) 대통령은 1960년대가 끝나기 전에 사람을 달에 착륙시키고 안전하게 지구로 귀환시키는 아폴로 계획을 발표했다. 냉전 시대에 소련과의 우주 개발 경쟁에서 뒤졌다고 판단한 미국 정부가 내린 초강수의 대응책이었다. 1957년 10월 소련은 사상 최초의 인공위성인 스푸트니크 1호를 발사해 지구 궤도에 진입시켰다. 인류가 마침내 우주 정복에 첫발을 내디딘 것이다. 4년 뒤인 1961년 4월 소련의 첫 우주비행사인 유리 가가린(1934~1968)이 우주선을 타고 우주로 떠났다. 그의 우주 비행은 108분에 지나지 않은 짧은 것이었지만 우주에 나선 최초의 인간이 되었다. 가가린이 무사히 지구로 귀환하는 모습에 충격을 받은 케네디는 일거에 소련을 앞지르기 위해 유인 달 착륙 계획을 밀어붙인 것이다. 그러나 1963년 케네디는 피살되어 최고 40만 명이 참여하고 250억 달러(2013년 기준 1350억 달러)가 투입된 성과를 보지 못했다. 케네디가 계획을 발표하고 8년이 지난 뒤인 1969년 7월 20일 우주선 아폴로 11호가 달에 착륙해 닐 암스트롱(1930~2012)이 달 표면에 발자국을 남기게 되었다. 인류 역사상 처음으로 사람이 외계의 땅 위에서 걸어보는 역사적 순간이었다.

맨해튼 계획과 아폴로 계획이 예상 외로 빠른 시간에 기적 같은 성과를 거둘 수 있었던 것은 무엇보다 당시 대통령인 루스벨트와 케네디의 강력한 지도력과 전폭적인 지원이 뒷받침되었기 때문인 것으로 분석된다.

아폴로 계획의 경우 8년 동안 수천 건의 첨단 기술이 개발되어 스핀오프spin-off가 엄청났다. 스핀오프는 기술 개발의 부산물 또는 파급효과를 뜻한다. 아폴로 계획으로 재료·연료전지·열처리·식품·통신·컴퓨터·로봇 분야에서 개발된 기술의 스핀오프에 의해 수많은 기업과 일자리가 만들어진 것으로 밝혀졌다.

〈비즈니스위크〉는 두 계획의 성공으로부터 얻은 교훈에 따라 미국 정부가 일자리 창출 전략을 수립할 것을 당부했다.

첫째, 정부는 2~3개의 핵심 기술 분야를 국책 개발 사업으로 선정해 대통령의 진두지휘 하에 추진한다. 이른바 대통령 프로젝트를 선정해서 연구개발진을 격려하고 지원을 아끼지 말아야 한다.

둘째, 두 계획의 성공을 통해 정부의 역할이 무엇보다 중요하다는 교훈을 얻을 수 있지만 민간 부문의 몫을 과소평가해서는 안 된다. 따라서 정부는 기업, 대학, 국책 연구기관이 협동하는 기술혁신 생태계를 강화하여 창의적인 아이디어가 응용 기술에 의해 산업화되는 기간을 단축할 수 있도록 미국식 사업 모델을 복원해야 한다.

미국의 획기적인 경제 성장을 이끌어낼 현상파괴적 기술disruptive technology로는 생물 노화 기술, 서비스 로봇, 에너지 저장 소재 등이 손꼽힌다. 이런 분야는 급여 수준이 높은 일자리를 대규모로 만들어 낼 수 있을 것으로 여겨진다. 이 중에서 2~3개의 핵심 기술을 선정해서 대통령 프로젝트로 추진하면 블록버스터blockbuster 산업으로 성장시킬 수 있다는 것이다.

우리나라 역시 일자리 창출은 국가적 과제이다. 박근혜 정부는 5대 국정 목표의 첫째를 '일자리 중심의 창조경제'로 정하고 미래창조과학부에 성장 동력과 일자리를 창출하는 책무를 부여했다. 개인적으로는 스마트 도시smart city 기술, 우주 기술, 청색기술 등 3대 융합 기술을 대통령 프로젝트 후보로 추천하고 싶다.

스마트 도시 기술은 정보 기술을 이용해 도시의 제반 기능을 관리하는 융합 기술이다. 미국 국가정보위원회NIC의 보고서 〈2030년 세계적 추세Global Trends 2030〉에 따르면 향후 20년간 아프리카와 남미의 개발도상국가를 중심으로 35조 달러가 스마트 도시 건설에 투입될 전망이다. 건설과 정보 기술에서 경쟁력을 지닌 우리에게는 황금알을 낳는 거위가 될지 모른다. 국가 안보와 직결되는 우주 기술은 아폴로 계획처럼 스핀오프에 의한 일자리 창출이 기대된다. 자연 중심의 기술을 개발하는 청색기술은 신생 분야이므로 벤처기업을 앞세워 세계 지식재산 시장을 선점할 필요가 있다. 특히 선진국을 따라가던 기존의 추격자fast-follower에서 새로운 시장을 개척하는 선도자first-mover로 변신을 꾀하는 창조경제 전략에 안성맞춤인 융합 기술임에 틀림없다.

(2013년 3월 17일)

미래

CONVERGENCE

메가트렌드
2030년 세상을 바꿀 4대 기술

2013년 1월 21일 집권 2기를 시작하는 버락 오바마 미국 대통령이 취임 직후 일독해야 할 보고서 목록 중에는 〈2030년 세계적 추세 Global Trends 2030〉가 들어 있다. 이 보고서는 중앙정보국CIA · 연방수사국FBI 등 미국의 정보기관을 총괄하는 국가정보위원회NIC가 펴냈다. 1979년 설립된 NIC는 미국의 중 · 장기 전략을 마련하는 정보기구로서 대통령 선거가 치러지는 해에 새 행정부의 장기 전략 수립을 위해 세계 전망 보고서를 발간한다.

2012년 12월 10일 발표된 〈2030년 세계적 추세〉는 "2030년이 되면 아시아가 북미와 유럽을 합친 것보다 더 큰 힘을 갖게 될 것이며, 특히 중국은 미국을 제치고 세계 최대의 경제대국으로 부상할 것"이라고 전망하고 인류의 삶에 결정적 영향을 미칠 메가트렌드megatrend

로 네 가지를 선정했다.

- **개인 권한 신장:** 전 지구적인 중산층 증가, 교육 기회 확대, 첨단 기술 확산 등에 힘입어 개인의 권한이 급속도로 신장된다.
- **국가 권력 분산:** 국제정치 무대에서 권력이 분산되는 추세이므로 미국이든 중국이든 절대 패권 국가는 될 수 없을 것이다.
- **인구 양상 변화:** 노령화 시대에 진입한 국가에서는 경제 성장이 둔화되고, 세계 인구의 60%가 도시에서 거주하게 되어 인구의 양상이 바뀐다.
- **식량 · 물 · 에너지 연계:** 지구촌 인구의 증가에 따라 식량·물·에너지의 수요가 증가하는 문제를 해결하기가 쉽지 않을 것이다. 왜냐하면 이 세 가지 자원은 서로 수요와 공급이 연계되어 있기 때문이다.

이 보고서는 이러한 4대 메가트렌드가 지배하는 2030년의 지구촌 문제를 해결하기 위해서 무엇보다 기술혁신이 필요하다고 강조하고, 향후 15~20년 동안 세계 경제 성장을 견인할 기술로 정보 기술, 자동화 및 제조 기술, 자원 기술, 보건 기술 등 네 가지를 선정했다.

먼저 정보 기술의 경우 2030년 세계를 바꿀 3대 기술로 데이터 솔루션data solution, 소셜 네트워킹social networking 기술, 스마트 도시 기술을 꼽았다.

데이터 솔루션은 정부나 기업체에서 재래의 기술로 관리하기 어려운 대규모의 자료, 곧 빅 데이터big data를 효율적으로 수집 · 저장 ·

분석하고 가치 있는 정보를 신속히 추출해내는 기술을 의미한다. 데이터 솔루션 기술이 발달함에 따라 정부는 빅 데이터를 활용하여 정책을 수립하게 되고, 기업은 시장과 고객에 관한 대규모 정보를 융합하여 경영 활동에 결정적인 자료를 뽑아내게 된다. 그러나 데이터 솔루션 기술이 악용될 경우, 선진국에서는 개인 정보가 보호받기 어렵게 되고 개발도상국가에서는 정치적 반대 세력을 탄압하는 수단이 될 수도 있다.

소셜 네트워킹 기술은 오늘날 트위터나 페이스북처럼 인터넷 사용자의 사회적 연결망을 구축하는 도구에 머물지 않고 정부와 기업체에도 유용한 정보를 제공하게 된다. 소셜 네트워킹 기술로 인터넷 사용자 집단의 특성과 동태를 파악하면 가령 기업은 맞춤형 판매 전략을 수립하고, 정부는 범죄 집단 또는 반대 세력을 색출할 수도 있을 것이다. 소셜 네트워킹 기술 역시 개인·기업·정부에 유용한 정보 교환 수단이긴 하지만 사용자의 사생활(프라이버시)이 침해될 가능성이 높다.

스마트 도시 기술은 정보 기술을 기반으로 도시를 건설하여 정보 기술로 행정·교통·통신·안전 등 도시의 제반 기능을 관리하는 것을 의미한다. 스마트 도시는 정보 기술을 사용하여 시민의 경제적 생산성과 삶의 질을 극대화함과 아울러 자원 소비와 환경오염을 극소화한다. 스마트 도시의 시민은 휴대전화로 도시의 첨단 시설에 접속하여 다양한 서비스를 제공받는다. 향후 20년 동안 전 세계적으로 35조 달러가 스마트 도시 건설에 투입될 전망이다. 특히 아프리카와 남미 등의 개발도상국가에서 대규모 투자가 예상된다.

두 번째의 자동화 및 제조 기술은 2030년 선진국과 개발도상국에서 생산 방식과 노동 형태에 혁신적인 변화를 초래할 잠재력이 큰 분야로 로봇공학, 자율 운송수단, 첨가제조additive manufacturing 등 세 가지가 언급되었다.

로봇공학의 발전으로 오늘날 전 세계적으로 120만 대를 웃도는 산업용 로봇이 공장에서 작업을 하고 있으며, 다양한 종류의 서비스 로봇이 가정·학교·병원에서 사람에게 도움을 주고 있다. 전쟁터에서 작전에 투입되는 군사용 로봇도 적지 않다. 이러한 추세대로 간다면 2030년까지 사람에 버금가는 능력을 갖춘 로봇이 공장에서 사람을 완전히 대체하는 생산 자동화가 완성될 것임에 틀림없다. 서비스 로봇도 병원에서 환자를 돌보거나 노인의 일상생활을 도와주는 기능이 향상되어 향후 20년간 한국과 일본처럼 노령화가 급속히 진행되는 사회에서 광범위하게 보급될 것으로 전망된다.

자율 운송수단은 사람의 도움을 전혀 받지 않고 스스로 움직이는 탈것을 의미한다. 사람이 타지 않는 무인 병기인 무인 항공기나 무인 지상 차량이 자율적으로 작전을 수행하게 되면 전쟁의 양상이 완전히 달라지게 된다. 자율 운송수단은 광업과 농업에서도 사람 대신 활용되어 비용을 절감하고 생산성을 높인다. 특히 스스로 굴러가는 자동차는 도시 지역의 교통 체증을 완화하고 교통사고를 줄이는 데 기여할 것이다. 이런 스마트 자동차의 성공 여부는 무엇보다 사회적 수용 태세에 달려 있다. 사람들이 자동 운행 자동차에 기꺼이 운전

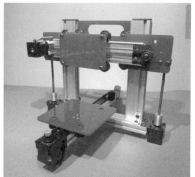

괴물의 3차원 모델을 컴퓨터에 입력(화면 속)한 뒤
이에 따라 3차원 프린터로 만들어낸 복제품.

하는 권한을 넘겨줄는지 두고 볼 일이다. 자율 운송수단이 테러 집
단의 수중에 들어가면 인류의 생존이 위협받을 가능성도 배제할 수
없다.

첨가제조는 3차원 인쇄3D printing라고도 불린다. 3차원 프린터를 사
용하여 인공 혈관이나 기계 부품처럼 작은 물체부터 의자나 심지어
무인 항공기 같은 큰 구조물까지 원하는 대로 바로바로 찍어내는 맞
춤형 생산 방식이다. 1984년 미국에서 개발된 3D 인쇄는 벽돌을 하
나하나 쌓아올려 건물을 세우는 것처럼 3D 프린터가 미리 입력된
입체 설계도에 맞추어 고분자 물질이나 금속 분말 따위의 재료를 뿜
어내어 한 층 한 층 첨가하는 방식으로 제품을 완성한다. 2030년까
지 3D 프린터의 가격이 낮아지고 기술이 향상되면 대량생산 방식이
획기적으로 바뀔 것임에 틀림없다.

세 번째의 자원 기술이란 세계 인구 증가에 따른 식량, 물, 에너지

의 수요 증가에 대처하기 위해 요구되는 새로운 기술을 의미한다. 식량과 물의 경우, 유전자 변형GM 농작물, 정밀 농업precision agriculture, 물 관리 기술의 발전이 기대된다. 한편 에너지의 경우, 생물 기반 에너지와 태양 에너지 분야에서 문제 해결의 돌파구가 마련될 것으로 전망된다. 특히 식량, 물, 에너지의 수요가 폭발하는 중국, 인도, 러시아가 향후 15~20년 동안 새로운 자원 기술 개발에 앞장설 것으로 보인다.

유전자 변형 농작물은 유전자 이식 기술의 발달에 힘입어 지구촌의 식량 문제를 해결하는 강력한 수단이 된다. 콩·옥수수·목화·감자·쌀 따위에 제초제나 해충에 내성을 갖는 유전자를 삽입하여 수확량이 많은 품종을 개발한다.

정밀 농업은 물이나 비료의 사용량을 줄여 환경에 미치는 부정적 영향을 최소화하는 한편 농작물의 수확량을 최대화할 것으로 기대된다. 무엇보다 대규모 농업에만 사용 가능한 자동화 농기구의 크기와 가격을 줄여나간다. 소규모 농업에서도 자동화 농기구를 사용함에 따라 농작물의 생산량이 늘어나게 된다.

물 관리 기술은 물 부족의 위기에 직면한 지구촌의 지속 가능한 발전을 위해 결정적으로 중요한 요소이다. 특히 지난 30년 동안 향상된 미세관개micro-irrigation 기술이 가장 효율적인 해결책이 될 것 같다.

에너지의 경우, 생물 기반 에너지와 태양 에너지 모두 화석 연료나 원자력 에너지와의 비용 경쟁력이 문제가 될 테지만 정부의 강력한 지원 정책 여하에 따라 지구 온난화 문제를 해결하는 대안이 될 수도 있다.

끝으로 보건 기술은 인류의 수명을 연장하고, 신체적 및 정신적 건강 상태를 개선하여 전반적인 복지를 향상시킬 것으로 전망된다. 질병 관리 기술과 인간 능력 향상enhancement 기술에 거는 기대가 크지 않을 수 없다.

질병 관리 기술은 의사가 질병을 진단하는 데 소요되는 시간을 단축하여 신속히 치료할 수 있게끔 발전한다. 따라서 유전과 병원균에 의한 질병을 모두 정확히 진단하는 분자 진단장치가 의학에 혁명을 일으킬 것이다. 분자 진단의 핵심 기술인 유전자 서열 분석DNA sequencing의 비용이 저렴해짐에 따라 환자의 유전자를 검사하여 질병을 진단하고 치료하는 맞춤형 의학이 실현된다. 이를테면 진단과 치료를 일괄 처리하는 이른바 진단치료학theranostics이 질병 관리 기술의 핵심 요소가 된다. 또한 재생의학의 발달로 2030년까지 콩팥과 간을 인공장기로 교체할 수 있다. 이처럼 새로운 질병 관리 기술이 발달하여 선진국에서는 수명이 늘어나고 삶의 질이 향상되어 갈수록 노령화 사회가 될 테지만 가난한 나라에서는 여전히 전염병으로 수많은 사람이 목숨을 잃게 될 것이다.

인간 능력 향상 기술은 인체의 손상된 감각 기능이나 운동 기능을 복구 또는 보완해주는 신경보철 기술이 발전하여 궁극적으로 정상적인 신체의 기능을 향상시키는 쪽으로 활용 범위가 확대된다. 가령 전신마비 환자의 운동신경보철 기술로 개발된 뇌-기계 인터페이스BMI는 정상인의 뇌에도 적용되어 누구든지 손을 쓰는 대신 생각만으로 기계를 움직일 수 있게 될 것 같다. 또한 일종의 입는 로봇인 외골격exoskeleton이 노인과 장애인의 재활을 도울 뿐만 아니라 군사용으로도 개발되어 병사들의 전투 능력을 증강시킨다. 이러한 인간 능력 향상 기술은 비용이 만만치 않아 향후 15~20년 동안 오로지 부자들에게만 제공될 수밖에 없다. 따라서 2030년의 세계는 이러한 기술을 사용하여 능력이 보강된 슈퍼 인간과 그렇지 못한 보통 사람들로 사회계층이 양극화될지도 모른다.

(2013년 1월 13일)

전쟁무인화
살인 로봇이 몰려온다

싸움터에서 사람이 사라지고 감정이 없는 무자비한 로봇 병기가 작전을 수행하는 전투 자동화 또는 전쟁 무인화가 실현될 날도 머지않은 것 같다.

전투 자동화의 목표는 전투의 네 국면, 곧 적의 병력 위치 확인, 아군이 취하게 될 군사행동 결정, 적합한 병기의 발사, 적군에게 준 손해의 평가를 모두 자동화하는 데 있다.

전투가 자동화 또는 무인화 되면 병사보다 무인 병기에 대한 의존도가 높아질 수밖에 없다. 대표적인 무인 병기로는 무인 항공기UAV: unmanned aerial vehicle와 무인 지상 차량UGV: unmanned ground vehicle을 꼽을 수 있다.

사람이 타지 않고 무선으로 원격 조종되는 무인 항공기는 '장난감

비행기 같다'는 뜻의 드론drone이라 불리기도 한다. 실전에 배치되어 위력을 떨친 미국의 드론은 중거리 중저 고도용인 프레데터Predator와 장거리 고도용인 글로벌호크Global Hawk이다. 2001년 10월 9·11 테러의 배후로 지목한 알카에다를 응징하기 위해 아프가니스탄을 공격할 때 프레데터에 미사일을 장착하여 탈레반 군을 폭격했다. 그동안 무인 항공기는 정찰 감시용으로 활용되었으나 이를 계기로 무인 공격기 시대가 열렸다.

미국은 차세대 프레데터로 2007년 5월 '저승사자'를 뜻하는 리퍼Reaper를 실전 배치하고 2009년 4월 어벤저Avenger의 시험 비행에 성공했다. 미국 최대의 드론인 어벤저는 프레데터보다 세 배, 리퍼보다 두 배 정도 빠르며 스텔스 기능도 갖고 있다.

한편 미국 국방부(펜타곤)는 사람에 의해 조종되는 무인 항공기와 달리 사람처럼 행동하는 무인 지상 차량 또는 로봇 자동차를 개발하고 있다. 펜타곤은 로봇 자동차의 개발을 지원하고 독려하기 위해 자동차 경주 대회를 세 차례 개최했다. 대회 명칭은 '다르파 대단한 도전DARPA Grand Challenge'이다. 미국 최고의 국방과학 기획부서인 다르파(방위고등연구계획국)는 전쟁에 필요한 첨단 기술 연구에 자금을 지원하며, 이렇게 개발된 원천 기술은 대부분 기업으로 넘겨져 상용화되므로 결국 미국 제품이 세계시장을 주도하도록 촉매 역할을 하는 셈이다. 이 대회의 출전 자격은 사람의 도움을 전혀 받지 않고 스스로 상황을 판단해 속도와 방향을 결정할 뿐만 아니라 장애물을 피해 갈 줄 아는 무인 차량에만 주어졌다.

2007년 열린 '다르파 도시 도전'에 출전한 무인 자동차.

2004년 3월 13일 첫 번째 대회에는 모양과 성능이 제각각인 25종의 자동차가 참가했다. 이들은 우승 상금 100만 달러를 거머쥐기 위해 로스앤젤레스에서 라스베이거스에 이르는 483㎞의 모하비 사막을 10시간 안에 완주해야 했다. 상세한 코스는 대회 시작 두 시간 전에야 공개되었다. 결승선을 통과하기는커녕 코스의 5% 이상을 내달린 차량조차 나타나지 않았다.

2005년 10월 8일 펜타곤은 '대단한 도전' 대회를 다시 개최했다. 모하비 사막에서 212㎞를 10시간 안에 횡단하는 경주였다. 우승 상금은 200만 달러로 올랐다. 23대가 출전했는데 무려 5대가 결승선에 도착했다. 우승은 평균 시속 30.7㎞로 6시간 54분 만에 완주한 스탠리Stanley에 돌아갔다. 스탠퍼드대학교에서 만든 스탠리는 폴크스바겐을 개조한 것으로 위성위치확인시스템GPS 수신기, 레이저 거리 측정 장치, 레이더, 스테레오 카메라, 각종 센서와 함께 랩톱 컴퓨터 7대가 장착되었다.

2007년 11월 3일 펜타곤은 한 단계 수준을 높인 로봇 자동차 경주 대회를 열었다. 대회 명칭은 '다르파 도시 도전DARPA Urban Challenge'이다. 이 대회는 명칭 그대로 무대를 사막에서 대도시로 옮겨 실시되었다. 무인 자동차는 도시를 흉내 내서 만든 96㎞ 구간을 6시간 내에 완주해야 한다. 실제 도로처럼 코스에는 건물과 가로수 등 장애물이 나타나는데, 다른 차량들과 뒤섞여 교통신호에 따라 주행하면서 제한속도를 지키는 등 교통법규도 준수하고 잠깐 동안 주차장에도 들어가야 한다. 사람이 거리에서 차를 운전할 때와 거의 똑같은 조건에서 우승하는 무인 자동차가 나타날지 궁금하지 않을 수 없었다. 10월 25일 다르파가 선정한 차량 35대가 대회 장소에 집결했다. 이들은 10월 26일부터 31일까지 일종의 예선전을 치렀다. 상금도 3등까지 수여되므로 경쟁이 더욱 치열했다. 우승자는 200만 달러, 2등은 100만 달러, 3등은 50만 달러를 받게 되었다. 11월 3일 자동차 6대가 완주에 성공하여 미국 의회가 2015년까지 지상 전투 차량의 3분의 1을 무인화하도록 법률로 규정한 사항을 이행할 수 있을 만큼 기술력이 확보된 것으로 여겨졌다.

로봇 자동차 대회는 사람이 운전하는 즐거움을 자동차에 양보해야 하는 세상이 머지않았음을 보여준 셈이다. 2030년께 사람의 도움

로봇 탱크인 탤런과 네 발로 걷는 로봇인 빅덕.

을 받지 않고 거리를 누비는 승용차가 나타나게 되면 운전대를 잡을 필요가 없을 터이므로 차 안에서 얼마든지 다른 일을 볼 수 있게 될 것 같다. 가령 인터넷을 검색하며 업무를 처리하거나 창 밖 풍경을 눈요기하며 피로를 풀 수도 있을 것이다.

무인 지상 차량은 병사 대신 정찰, 경계, 폭발물 탐지 및 제거 임무뿐 아니라 사격도 하는 로봇 병기이다. 2005년 이라크에 실전 배치된 탤런Talon은 자동소총과 로켓탄 발사장치가 장착되었으며 사람에 의해 원격 조종되는 로봇 탱크이다. 동물처럼 네 발로 걷는 로봇인 빅덕BigDog은 노새처럼 보병의 장비를 등에 지고 산비탈을 오르내린다. 다르파가 개발을 지원하고 있는 이트르EATR 로봇은 미끄러지듯 움직이면서 이파리를 긁어모아 불로 태워서 전류를 발생시킬 것으로 알려졌다.

미국 브루킹스 연구소의 군사 전문가인 피터 싱어에 따르면 미군은 2001년까지만 해도 지상로봇에 대한 수요가 전혀 없다가 2006년 로봇이 3만 회 이상의 임무를 수행할 정도가 되었다. 2009년 1월 펴낸 『로봇과 전쟁Wired for War』에서 싱어는 미국이 무인 지상 차량을 1만 2000대 보유하고 있으며 조만간 수만 대 규모로 늘어날 것이라고 전망했다. 2012년 영국 주간 〈이코노미스트〉는 6월 2일자의 기술 특집에서 2012년 미국은 지상로봇에 6억 8900만 달러를 투입하여 세계에서 로봇에 돈을 가장 많이 쓰는 국가라고 보도했다. 미국을 선두로 이스라엘·영국·독일·중국·한국·싱가포르·호주·프랑스·캐나다의 순서로 지상로봇에 예산을 투입하는 것으로 밝혀졌다. 우리나라가 지상로봇 구매에 돈을 많이 투입하는 세계 10대 국가 중에서 6위로 자리매김한 것은 휴전 상태인 분단국가로서 어쩔 수 없는 결과인 듯하다.

싱어는 군사용 로봇의 발전 방향을 세 가지로 분석했다.

첫째, 전투 로봇의 모양과 크기가 다양해진다. 바퀴로 굴러가는 것부터 빅덕처럼 다리가 달린 것까지 다양한 형태의 로봇이 전쟁터를 누비게 된다. 하늘에서는 7.5cm에 불과한 벌새 로봇부터 축구장 길이의 레이더가 설치된 비행선까지 다양한 크기의 로봇이 활약한다.

둘째, 전쟁터에서 로봇의 역할이 더욱 확대된다. 최전방 철책선 경계를 서거나 지뢰 탐지 및 제거 임무를 수행하는 데 머물지 않고 전투 상황에 투입된다. 2007년 선보인 마스MAARS는 160kg짜리 기관총이 달려 있으며 수류탄 발사가 가능한 로봇 탱크이다. 전투 중 부상당한 병사를 안전한 장소로 끌어내 돌볼 줄 아는 간호 로봇도 활약이 기대된다.

셋째, 전투 로봇의 지능이 비약적으로 향상된다. 프레데터의 경우 원격 조종 항공기로 개발되었지만 컴퓨터 기술의 발달에 힘입어 스스로 이착륙할 수 있을 뿐 아니라 목표물 12개를 동시에 추적하는 능력을 갖게 되었다. 특히 목표물이 지나온 출발점까지 추적할 수 있는 것으로 알려졌다. 프레데터보다 훨씬 성능이 뛰어난 리퍼 역시 사람의 발자국이나 제초기가 지나간 흔적까지 추적하여 분석할 수 있다. 전투 로봇이 자율적으로 판단하고 행동하는 지능을 갖게 될 날이 코앞에 닥쳐온 것이다.

2008년 미국 국가정보위원회NIC가 펴낸〈2025년 세계적 추세Global Trends 2025〉에 따르면 2014년 무인 지상 차량, 곧 로봇 병사가 전투 상황에서 사람에게 사격을 가하고, 2025년 완전 자율 로봇이 마침내 전쟁터를 누비게 된다. 이 보고서는 2009년 1월 버락 오바마 미국 대통령이 취임 직후 일독해야 할 문서 목록에 포함된 것으로 알려졌다.

싱어는『로봇과 전쟁』에서 사람끼리만 전쟁하던 시대가 끝나가고 살인 로봇의 역할이 커짐에 따라 전쟁에 대해 "전 지구적 기후 변화와 다를 바 없는 변화가 진행되고 있다"고 주장했다. 그 사례로 전투 장소가 들판에서 실내 공간으로 바뀌는 상황을 제시했다. 이를테면 '전쟁에 나간다'는 말이 어느 먼 곳의 참호 속에 숨는 것을 의미하지 않게 된 것이다. 그 대신 전쟁은 "날마다 자가용으로 출근해서 컴퓨터 화면 앞에 앉아 마우스로 클릭하는 일"이 되었다. 총 대신 마우스로 전투를 하는 이른바 칸막이방 전사cubicle warrior들이 국가의 운명을 좌우하는 세상이 다가오는 셈이다. 비디오게임을 열심히 하면 훗날 무인 병기 조종법을 익히는 데 도움이 될 것이라니 이런 아이러니도 없는 것 같다.

또한 전투 자동화 또는 전쟁 무인화가 현실로 다가오면서 무인 병기에 대한 의존도가 높아짐에 따라 자동화된 병기에 대한 사람의 통제가 불가능해질수록 그만큼 작전사령관도 모르는 사이에 컴퓨터의 지시로 전투가 발발할 개연성을 우려하는 목소리가 높아지고 있다. 컴퓨터의 고장이나 잘못된 동작으로 위기를 초래한 사례가 한두 번이 아니기 때문이다. 1991년 걸프전쟁에서 미국 미사일인 패트리엇을 통제하는 컴퓨터에 문제가 생겨 미군 병사들이 떼죽음을 당한 적도 있다.

어쨌거나 로봇 무기가 전쟁의 주역이 되면 무공훈장은 야전 군인보다는 칸막이방 병사, 나아가서는 살인 로봇의 몫이 될지도 모른다.

(2012년 9월 23일)

자기증식 기계
기계가 자식을 낳는다

생물처럼 새끼를 낳는 기계를 만들 수는 없을까. 자식을 낳는 기계, 곧 자기증식하는 기계의 실현 가능성에 대해 처음으로 해답을 내놓은 과학자는 헝가리 태생의 미국 컴퓨터 이론가인 존 폰 노이만(1903~1957)이다. 그는 1948년 자기증식 자동자self-reproducing automata 이론을 발표했다. 자동자自動子는 본래 생물의 행동을 흉내 내는 자동 기계를 뜻하였으나 컴퓨터의 출현으로 뇌처럼 정보를 처리하는 기계를 의미하게 되었다. 폰 노이만의 자동자 이론을 요약하면, 자기증식 기계를 만들기 위해서는 세 가지의 일을 수행할 필요가 있다.

- 먼저 자기증식 기계에게 그 자신의 기술description, 곧 첫 번째 기술을 제공한다. 부모 기계에게 자기가 만들어야 되는 것을 알려주기 위해

서이다.

- 복제되어야 할 기계에 대한 기술, 곧 두 번째 기술을 자기증식 기계에게 제공한다.
- 자기증식 기계에게 두 번째 기술의 기계와 정확하게 동일한 다른 기계를 구성하도록 명령한다. 그리고 자기증식 기계가 자식 기계를 만든 뒤에는 이 명령을 복사하여 자식 기계에게 전달하도록 지시한다.

폰 노이만의 자기증식 자동자 모델은 1953년에 발견된 디옥시리보 핵산DNA 분자 구조의 기능과 거의 유사하다는 사실에 주목할 필요가 있다. 폰 노이만은 자기증식 기계의 기술 안에 포함된 정보가 반드시 두 종류의 상이한 방식으로 사용되지 않으면 안 된다는 점을 강조하고 있기 때문이다. 한 번은 자식 기계를 생산할 때 부모 기계가 실행해야 되는 명령으로 사용되며, 다른 한 번은 자식 기계에게 부모 기계의 기술을 전달하기 위하여 복제되는 데이터로서 사용된다.

이는 분자생물학에서 유전이 성립되는 현상을 설명하는 개념과 흡사하다. 생명의 본체인 DNA(유전자)로부터 생명의 현상인 단백질이 합성될 때 DNA 안의 유전 정보는 다른 방법으로 두 번 사용되기 때문이다. 한 번은 유전 정보에 의해 단백질이 합성되는 과정에서 사용되고, 또 한 번은 유전 정보를 아비로부터 자식에게 전승하기 위하여 복제할 때 사용된다. 폰 노이만의 이론은 상상력의 산물이긴 하지만 그로부터 5년 뒤에 DNA 분자의 이중나선 구조가 발견되었다는 측면에서 볼 때 실로 경이적인 탁견이라 아니할 수 없다.

그러나 폰 노이만은 자신의 자동자 이론에 만족하지 않았다. 3년 뒤인 1951년 세포 자동자cellular automata라고 명명된 새로운 자기증식 모델을 내놓았다. 바둑판처럼 생긴 격자 모양의 평면을 사용하는 이 모델에서는 자기증식하는 유기체가 네모난 칸의 집단으로 구성된다. 이 모델을 세포 자동자라고 부르는 까닭은 네모난 칸이 세포처럼 더 이상 분할될 수 없는 기본 단위이고, 또한 세포가 분열을 거듭하면서 그 수효를 증식시키는 것처럼 행동하기 때문이다.

1980년대부터 자기증식 기계의 개발이 본격적으로 추진되었다. 미국 항공우주국NASA은 외계 행성으로 커다란 우주선 대신 자기증식 기능을 갖춘 초소형 로봇 탐사선을 보내는 방안을 검토했다. 1980년 발표된 논문에 따르면 자기증식 우주선은 달 표면의 자원을 이용하여 복제품을 만들어내고, 그 숫자가 많아지면 힘을 합쳐 우주기지를 건설하고 다양한 탐사 임무도 수행한다.

1980년대 중반에 기계의 자기증식 기능을 연구하는 분야가 인공생명artificial life이라는 새로운 학문으로 태동했다. 인공생명이란 용어를 만들어내고 1987년 9월에 이 학문의 탄생을 공식적으로 천명한 세미나를 주관한 미국의 컴퓨터 과학자인 크리스토퍼 랭턴에 따르면 인공생명은 '생명체의 특성을 나타내는 행동을 보여주는 인공물의 연구'라고 정의된다. 말하자면 살아 있는 것 같은 행동을 보여줄수 있는 장치의 개발을 겨냥하는 학문이다.

랭턴은 컴퓨터 화면 위에서 생명체처럼 증식을 거듭하는 세포 자동자를 개발하기도 했다. 폰 노이만이 자기증식 기계의 설계 가능성

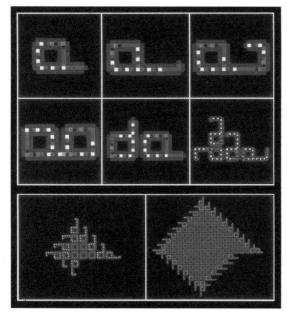

크리스토퍼 랭턴이 만든
자기증식 고리.

을 이론적으로 증명했지만 그것을 독립된 학문으로 발족시킨 사람
은 랭턴이기 때문에, 폰 노이만이 인공생명의 아버지라면 랭턴은 그
산파역에 비유된다.

한편 나노 기술 이론가 사이에 자기증식 기계의 개발 가능성을 놓
고 갑론을박이 뜨겁게 전개되었다. 1986년 나노 기술의 전도사라 불
리는 미국의 에릭 드렉슬러가 저서인 『창조의 엔진Engines of Creation』에
서 분자 어셈블러assembler의 개발을 제안했기 때문이다. 분자 어셈블
러는 '원자들을 한 번에 조금씩 큰 분자의 표면에 부착시켜 거의 안
정적인 형태로 원자들을 결합하는' 나노 기계이다. 이를테면 분자

어셈블러는 적절한 원자를 찾아내서 적절한 위치에 옮겨놓을 수 있는 분자 수준의 조립 기계이다.

1991년 펴낸 『무한한 미래Unbounding the Future』에서 드렉슬러는 최초의 어셈블러가 모습을 드러낼 때 비로소 나노 기술의 시대가 개막되는 것이라고 전제하면서, 다수의 어셈블러가 함께 작업하여 모든 제품을 생산하는 분자제조molecular manufacturing 개념을 내놓았다.

드렉슬러에 따르면 최초의 어셈블러가 가장 먼저 할 일은 바로 자신과 똑같은 또 다른 어셈블러를 만들어내는 것이다. 어셈블러는 자기복제 기능을 가진 분자 기계인 셈이다.

어셈블러의 개념에 심각한 오류가 있다고 반론을 제기한 대표적인 인물은 미국의 리처드 스몰리(1943~2005)이다. 1985년 풀러렌fullerene을 발견한 공로로 1996년 노벨화학상을 받은 인물이다. 2001년 미국의 월간 〈사이언티픽 아메리칸〉 9월호에 기고한 글에서 스몰리는 어셈블러를 조목조목 비판했다. 무엇보다 드렉슬러의 어셈블러가 기능을 수행하려면 원자를 하나씩 집어 들고 원하는 위치에 삽입시키는 손가락(조작장치)이 달려 있어야 한다고 전제하고, 손가락에 관련된 문제를 제기했다.

"나노 로봇에 의해 제어되는 공간의 한 면이 1나노미터 정도밖에 되지 않는 아주 작디작은 장소라는 사실을 기억하기 바란다. 이런 공간의 제약으로 적어도 두 가지의 어려움이 기본적으로 발생한다. 나는 이 문제를 하나는 '굵다란 손가락fat fingers' 문제, 다른 하나는 '끈끈한 손가락sticky fingers' 문제라고 부른다."

스몰리는 어셈블러에 5~10개 정도의 손가락이 달려 있어야 그 기능을 수행할 수 있을 것이라고 전제하고, 그만한 수의 손가락을 빽빽하게 달아놓을 수 있을지 의심스럽다고 반박했다. 원자를 집어내거나 붙잡고 있는 조작장치(손가락)는 원자로 만들어야 하기 때문에 더 이상 축소가 불가능하다. 그런데 어셈블러가 작업을 하는 1나노미터 정도의 공간은 5~10개의 손가락을 모두 수용할 만큼 여유가 있는 것이 아니다. 가장 뭉뚝한 손가락으로 작은 부품들을 하나씩 옮겨서 손목시계를 조립하는 것이 쉽지 않듯이, 어셈블러가 작업하는 공간의 크기에 비해 손가락이 너무 굵어서 분자 조립이 불가능할 것이라는 의미이다.

스몰리는 어셈블러의 손가락이 끈끈한 것도 문제라고 주장한다. 원자들이 일단 손가락에 달라붙으면 잘 떨어지지 않을 것이므로 원자를 원하는 자리에 위치시키는 일은 쉽지 않을 것이다. 마치 엿을 묻힌 손가락으로 손목시계를 조립하는 일이 불가능한 것처럼, 어셈블러의 손가락으로 원자를 옮기는 작업도 불가능할 것이라는 뜻이다.

스몰리의 노골적인 공격에 대해 드렉슬러가 가만있을 리 만무하다. 2003년 드렉슬러는 어셈블러에 대한 스몰리의 비판에 대해 공개 답장 형식으로 반론을 폈다. 그는 자연에 존재하는 분자조립 기계인 리보솜ribosome을 예로 들면서 분자 어셈블러가 불가능하지 않다고 주장했다. 리보솜은 세포 안에서 유전 정보에 따라 아미노산(원료)으로 제품(단백질)을 만드는 나노 기계이다. 2003년 두 사람은 세 차례 더 의견을 주고받았다. 하지만 두 사람은 더 이상 논쟁을 펼칠 수 없게 되었다. 2005년 스몰리가 세상을 떠났기 때문이다.

드렉슬러의 분자 어셈블러 개념을 지지하는 과학자들도 적지 않다. 대표적인 인물은 미국의 컴퓨터 이론가인 빌 조이이다. 2000년 4월 세계적 반향을 불러일으킨 논문인 〈왜 우리는 미래에 필요 없는 존재가 될 것인가Why the Future Doesn't Need Us〉에서 조이는 분자 어셈블러 개념에 전폭적인 공감을 나타내고, 자기증식 하는 나노 로봇이 지구 전체를 뒤덮는 그레이 구gray goo, 곧 '잿빛 덩어리' 상태가 되면 인류는 최후의 날을 맞게 될지 모른다고 주장했다.

2002년 미국의 소설가인 마이클 크라이튼(1942~2008)은 드렉슬러의 아이디어를 액면 그대로 수용한 소설 『먹이Prey』를 발표하여 그레이 구 시나리오에 대한 대중적 관심이 고조되었다. 자기복제 하는 나노 로봇떼는 문자 그대로 살아 있는 괴물이 되어 사람을 먹이로 해치운다.

미국의 미래학자인 레이 커즈와일도 드렉슬러를 지지한다. 2005년 9월 펴낸 『특이점이 온다The Singularity Is Near』에서 커즈와일은 다음과 같이 어셈블러에 대한 기대를 표명했다.

"2020년대가 되면 분자 어셈블러가 현실에 등장하여 가난을 일소하고, 환경을 정화하고, 질병을 극복하고, 수명을 연장하는 활동의 효과적인 수단으로 자리 잡을 것이다."

2013년 5월 출간된 저서 『급진적 풍요Radical Abundance』에서 드렉슬러는 나노 기술이 바꾸어놓을 미래를 전망하면서 어셈블러로 생산하는 방식을 '원자 정밀 제조APM:atomically precise manufacturing'라고 명명하고,

기존의 생산방식이 APM으로 바뀌게 되면 물질문명에 혁명적 변화가 일어나서 인류 사회가 풍요를 누리게 될 것이라고 주장했다.

어쨌거나 드렉슬러와 스몰리의 논쟁은 시간이 가면 판가름 날 것이다. 나는 어느 편인가 하면 스몰리보다 드렉슬러를 지지하고 싶다. 왜냐하면 자식을 낳는 기계를 꿈꾸는 인간의 상상력이 실현되는 것처럼 멋들어진 일도 없을 테니까.

(2013년 6월 9일)

마음 업로딩
디지털 영생을 꿈꾼다

먼 훗날 사람이 죽으면 몸은 소멸되지만 마음은 영생을 누리게 된다. 사람의 마음이 컴퓨터의 기억장치에 저장되기 때문이다. 이 마음은 컴퓨터로, 복제하는 몸 안으로 다시 옮겨져 끝없이 환생을 되풀이한다.

1956년 아서 클라크(1917~2008)가 발표한 과학소설인 『도시와 별들City and the Stars』의 줄거리이다. 이 소설은 마음 업로딩mind uploading을 처음으로 상상한 작품으로 손꼽힌다. 소설에서처럼 뇌 속에 들어 있는 사람의 마음을 컴퓨터와 같은 기계장치로 옮기는 과정을 마음 업로딩이라고 한다.

마음 업로딩을 연구한 과학 논문을 최초로 발표한 인물은 미국 워싱턴대학교의 생물노화학자인 조지 마틴이다. 1971년 마틴은 마음 업로딩을 생명 연장 기술로 제안한 논문을 학술지에 기고했다. 이를 계기로 '디지털 불멸digital immortality'이라는 개념이 미래학자들의 화두가 되었다.

마음 업로딩은 미국의 로봇공학 전문가인 한스 모라벡의 저서에 의해 대중적 관심사로 부상했다. 1988년 펴낸『마음의 아이들Mind Children』에는 사람의 마음을 기계 속으로 옮겨 사람이 말 그대로 로봇으로 바뀌는 시나리오가 다음과 같이 상세히 제시되었다.

"수술실에 누워 있는 당신 옆에는 당신과 똑같이 되려는 컴퓨터가 대기하고 있다. 당신의 두개골이 먼저 마취된다. 그러나 뇌가 마취된 것이 아니기 때문에 당신의 의식은 말짱하다. 수술을 담당한 로봇이 당신의 두개골을 열어 그 표피를, 손에 수없이 많이 달린 미세한 장치로 스캔(주사)한다. 주사하는 순간마다 뇌의 신경세포 사이에서 발생하는 전기신호가 기록된다. 로봇 의사는 측정된 결과를 토대로 뇌 조직의 각 층이 보여주는 행동을 본뜬 컴퓨터 프로그램을 작성한다. 이 프로그램은 즉시 당신 옆의 컴퓨터에 설치되어 가동된다. 이러한 과정은 뇌 조직을 차근차근 도려내면서 각 층에 대해 반복적으로 시행된다. 말하자면 뇌 조직의 층별로 움직임이 모의실험simulation되는 것이다. 수술이 끝날 즈음 당신의 두개골은 텅 빈 상태가 된다. 물론 당신은 의식을 잃지 않고 있지만 당신의 마음은 이미 뇌로부터 빠져나와 기계로 이식되어 있다. 마침내 수술을 마친 로봇 의사가 당신의 몸과 컴퓨터를 연결한 코드를 뽑아버리면 당신의 몸은 경련을 일으키며 죽음을 맞게 된다. 그러나 당신은 잠시 아득하고 막막한 기분을 경험할 뿐이다. 그리고 다시 한 번 당신은 눈을 뜨게 된다. 당신의 뇌는 비록 죽어 없어졌지만 당신의 마음은 컴퓨터에 온전히 옮겨졌기 때문이다. 당신은 새롭게 변형된 셈이다."

모라벡의 시나리오에 따르면 인간의 마음이 기계에 이식됨에 따라 상상하기 어려운 다양한 변화가 일어난다. 먼저 컴퓨터의 성능에 힘입어 사람의 마음이 생각하고 문제를 처리하는 속도가 엄청나게 빨라질 것이다. 또한 프로그램을 복사하여 동일한 성능의 컴퓨터에 집어넣을 수 있으므로 자신과 똑같이 생각하고 느끼는 기계를 여러 개 만들어낼 수 있다. 게다가 프로그램을 복사해 보관해두면 오랜 시간이 지난 뒤에 다시 사용할 수 있기 때문에 마음이 사멸하지 않게 된다. 마음이 죽지 않는 사람은 결국 영생을 누리게 되는 셈이다.

모라벡은 한걸음 더 나아가 마음을 서로 융합하는 아이디어를 내놓았다. 컴퓨터 프로그램을 조합하는 것처럼 여러 개의 마음을 선택적으로 합치면 상대방의 경험이나 기억을 서로 공유할 수 있다는 것이다. 모라벡의 시나리오처럼 사람의 마음을 기계로 옮겨 융합할 수 있다면 조상의 뇌 안에 있는 생존 시의 기억과 감정을 읽어내 살아 있는 후손의 의식 속에 재생시킬 수 있을 터이므로 산 사람과 죽은 사람, 미래와 과거의 구분이 흐릿해질 수도 있다.

마음 업로딩의 실현 가능성을 가장 강력하게 주장한 사람은 미국의 미래학자인 레이 커즈와일이다. 2000년 커즈와일은 격월간 〈현대 심리학〉 1월호에 기고한 에세이에서 30년 안에, 그러니까 2030년까지 우리 자신의 지능·성격·감정·기억 등을 몽땅 스캔해서 컴퓨

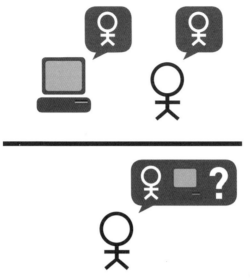

터 안에 집어넣을 수 있다고 전망했다.

커즈와일이 2030년까지 마음 업로딩이 가능하다고 주장하는 근거
는 두 가지이다. 첫째, 컴퓨터 성능의 비약적 발전이다. 커즈와일에
따르면 1000달러짜리 개인용 컴퓨터가 2020년까지는 한 사람의 뇌,
2030년까지는 한 마을 사람 전체의 뇌, 2050년까지는 지구상의 모든
인류의 뇌를 합쳐놓은 처리 능력을 갖게 된다. 둘째, 뇌를 스캔하는
기술의 획기적 발전이다. 커즈와일에 따르면 2030년까지 혈구세포
크기의 나노 로봇 수십억 개를 뇌의 모든 모세혈관 속으로 투입하면
신경 활동을 샅샅이 스캔해 지능과 성격이 고스란히 복사된 소프트

웨어를 만들 수 있으며 이것을 컴퓨터로 옮겨 저장할 수 있다.

커즈와일은 2005년 9월 펴낸 『특이점이 온다』에서도 마음 업로딩의 기술적 실현 가능성을 일관되게 주장하면서 업로딩이 제대로 되었는지 확인하는 방법으로 튜링 테스트Turing test를 제안했다. 1950년 영국의 수학자인 앨런 튜링(1912~1954)은 기계의 지능을 측정하는 방법을 최초로 제시한 논문으로 자리매김한 〈계산하는 기계와 지능Computing Machinery and Intelligence〉을 발표했다. 이 논문의 첫 문장을 '기계는 생각할 수 있는가'라는 질문으로 시작하면서 그가 창안한 특유의 게임에 합격하는 기계는 사람과 같은 지능을 갖고 있는 것으로 간주할 수 있다고 주장했다. 이 게임은 사람, 기계, 질문자 사이에 진행되며 질문자는 사람과 기계 중에서 어느 쪽이 사람이고 어느 쪽이 기계인지를 알아내야 한다. 사람은 질문자에게 자신이 사람이고 다른 쪽이 기계라는 사실을 납득시키기 위해 충실한 답변을 한다. 그러나 기계는 거꾸로 질문자가 자신을 사람으로 생각하고 사람을 기계로 착각하도록 답변한다. 튜링은 기계가 질문자로 하여금 자신과 사람을 잘못 구분하게 할 수 있다면, 그 기계는 사람처럼 지능을 갖고 있는 것으로 보아야 한다고 주장했다. 다시 말해서 기계가 사람이 사고할 때 행동하는 방법과 구별할 수 없게끔 행동한다면 그 기계가 사람처럼 생각하는 것으로 볼 수 있다는 것이다. 이 게임은 기계가 생각한다고 말할 수 있는지 여부를 평가하는 일종의 시험이기 때문에 훗날 '튜링 테스트'라고 명명되었다. 이런 맥락에서 커즈와일은 마음 업로딩으로 재창조된 존재가 튜링 테스트를 통과할 경우 원래 사람과 구별이 불가능할 정도로 똑같은 복제품이 될 것이라고 주장했다.

모라벡이나 커즈와일의 시나리오는 나중에 검증이 될 테지만 마음 업로딩이 과학적으로 실현 불가능한 것만은 아닌 듯하다. 2007년 5월 영국 옥스퍼드대학교의 철학자인 닉 보스트롬은 신경과학과 나노 기술 분야의 전문가들과 함께 마음 업로딩으로 디지털 불멸이 구현될 수 있는지 기술적 타당성을 검토했다. 그 결과는 2008년 〈뇌 전체 기능의 소프트웨어 모형 만들기Whole Brain Emulation〉라는 제목의 기술 보고서로 발표되었다. 이 보고서는 21세기 안에 마음 업로딩이 기술적으로 실현될 수 있다는 결론을 내렸다.

재미 과학자인 세바스찬 승(한국명 승현준)도 마음 업로딩이 실현될 수 있다고 전망했다. 승현준 박사는 커넥토믹스connectomics의 세계적 권위자이다. 뇌 신경세포(뉴런)의 연결망을 나타내는 지도를 커넥톰, 커넥톰을 작성하고 분석하는 분야를 커넥토믹스라고 한다. 2012년 2월 펴낸 『커넥톰Connectome』에서 승 박사는 "마음 업로딩을 천국으로의 승천에 비교하는 것은 결코 과장이 아니다"면서 "업로딩에 대한 믿음은 우리가 죽음의 공포를 극복하는 것을 돕는다. 일단 업로딩이 되면, 우리는 불멸하게 될 것"이라고 단언했다.

마음 업로딩이 마침내 실현된다면 아마도 가장 중요한 질문은 '업로딩된 뇌가 진짜 그 사람과 똑같을 것인가' 하는 물음일 것이다. 이 대목에서 '통 속의 뇌brain in a vat'라 불리는 사고 실험을 떠올리게 된다. 이 사고 실험은 철학에서 회의론skepticism을 대변한다고 여겨진다. 회의론은 우리가 보고 느끼는 외부 세계가 환상일지도 모른다고 전

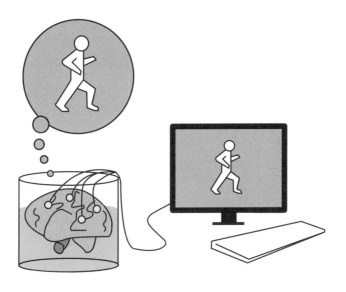

'통 속의 뇌'가 자신이 걷고 있다고 믿고 있다.

제하는 철학적 입장이다. 1641년 프랑스의 철학자인 르네 데카르트 (1596~1650)는 『제1철학에 관한 성찰Meditations on First Philosophy』에서 감각 경험은 외부 세계를 정확히 기록하기 때문에 지식의 바탕이 될 수 있다고 여기는 통념에 대해 의문을 가져야 한다고 주장했다. 이를테면 데카르트는 우리가 믿고 있는 것이 거짓일 수도 있다고 의심해야 한다는 회의론을 제시한 셈이다.

데카르트의 회의론을 심화시킨 대표적인 인물은 미국의 철학자인 힐러리 퍼트넘이다. 1981년 펴낸 『이성, 진실, 역사Reason, Truth and History』에서 퍼트넘은 통 속의 뇌 시나리오를 철학적 논증에 사용했다. 이 사고 실험에서는 사악한 생각을 품은 과학자가 한 남자의 뇌를 몸에서 분리해 통 속에 집어넣는다. 통 안으로 영양분이 잘 공급되므로 뇌는 죽지 않고 잘 살 수 있다. 이 뇌의 신경세포를 전선으로 슈퍼컴퓨터에 연결해서 가령 운동을 하거나 영화를 볼 때의 감각 경험과 똑같은 전기충격을 제공하면 통 안에서 둥둥 떠다니는 뇌는 실제로 그런 경험을 하지 않고서도 그런 감각을 직접 느끼는 것처럼 착각하게 된다. 요컨대 통 속의 뇌는 그런 감각이 신경조직에 연결된 슈퍼컴퓨터로부터 받는 전기자극일 뿐임에도 불구하고 마음이 두개골에 들어 있을 때처럼 정상적으로 실제 세계를 경험하고 있다고 여긴다는 것이다.

통 속의 뇌 시나리오는 업로딩된 마음이 외부 세계를 경험하면서 진짜인지 환상인지 구분하지 못할 수도 있다는 의미를 함축하고 있다. 이런 회의론에 대해 승 박사는 컴퓨터에 업로딩된 마음을 외부 세계와 연결하는 감각기관이나 근육 따위를 인공적으로 만들 수 있을 터이므로 마음이 두개골에 들어있을 때와 똑같이 실제 세계를 얼마든지 경험할 수 있다고 주장했다.

(2013년 10월 13일)

포스트휴먼
미래인류는 누구인가

영원불멸을 소망한 고대 이집트 사람들은 사후에 육신이 원형 그대로 보존되어 있지 않으면 사망할 즈음 분리된 정신과 다시 결합할 수 없으므로 저승에서 부활이 불가능하다고 생각했다. 따라서 고대 이집트에서는 남녀노소 가릴 것 없이 모두 시체를 미라로 처리하여 관 속에 안치했다.

20세기 후반부터 사후에 시체의 부패를 멈추게 할 수 있는 기술로 인체 냉동 보존술cryonics이 출현했다. 인체 냉동 보존술은 죽은 사람을 얼려 오랜 시간 보관해두었다가 나중에 녹여 소생시키려는 기술이다. 인체를 냉동 보존하는 까닭은 사람을 죽게 만든 요인, 예컨대 암과 같은 질병의 치료법이 훗날 발견되면 죽은 사람을 살려낼 수 있다고 믿기 때문이다. 이를테면 인체 냉동 보존술은 시체를 보존하는 새로운 방법이라기보다는 생명을 연장하려는 새로운 시도라고 할 수 있다.

근대 이후 인체의 사후 보존에 관심을 표명한 대표적인 인물은 미국의 정치가이자 과학자인 벤저민 프랭클린(1706~1790)이다. 미국의 독립선언 직전인 1773년, 그가 친지에게 보낸 편지에는 '물에 빠져 죽은 사람을 먼 훗날 소생시킬 수 있도록 시체를 미라로 만드는 방법'에 대해 언급한 대목이 나온다. 물론 그는 당대에 그러한 방법을 구현할 만큼 과학이 발달하지 못한 것을 아쉬워하는 문장으로 편지를 끝맺었다.

1946년 프랑스의 생물학자인 장 로스탕(1894~1977)은 동물 세포를 냉동시키는 실험에 최초로 성공했다. 그는 개구리의 정충을 냉동하는 과정에서 세포에 발생하는 훼손을 줄이는 보호 약물로 글리세롤을 사용했다. 로스탕은 저온생물학cryobiology 시대를 개막한 인물로 여겨진다.

과학자들은 1950년에는 소의 정자, 1954년에는 사람의 정자를 냉동 보관하는데 성공했다. 이를 계기로 세계 곳곳의 정자은행에서는 정자를 오랫동안 냉동 저장한 뒤에 해동하여 난자와 인공 수정을 시키게 되었다.

미국의 물리학자인 로버트 에틴거(1918~2011)는 로스탕의 실험 결과로부터 인체 냉동 보존의 아이디어를 생각해냈다. 의학적으로 정자를 가수면 상태로 유지한 뒤에 소생시킬 수 있다면 인체에도 같은 방법을 적용할 수 있다고 확신한 것이다. 그는 1962년 『불멸에의 기대The Prospect of Immortality』를 펴내고, 저온생물학의 미래는 죽은 사람의 시체를 냉동시킨 뒤 되살려내는 데 달려 있다고 강조했다. 특히 질소가 액화되는 온도인 섭씨 영하 196도가 시체를 몇 백 년 동안 보존하는 데 적합한 온도라고 제안했다. 그의 책이 계기가 되어 인체 냉동 보존술이라는 미지의 의료 기술이 모습을 드러내게 된 것이다. 그리고 1967년 1월 마침내 미국에서 최초로 인간이 냉동 보존되었다.

인체 냉동 보존술이 실현되려면 반드시 두 가지 기술이 개발되지 않으면 안 된다. 하나는 뇌를 냉동 상태에서 제대로 보존하는 기술이고, 다른 하나는 해동 상태가 된 뒤에 뇌의 세포를 복구하는 기술이다. 뇌의 보존은 저온생물학과 관련된 반면에 뇌 세포의 복구는 분자 수준에서 물질을 조작하는 나노 기술과 관련된다. 말하자면 인체 냉동 보존술은 저온생물학과 나노 기술이 결합될 때 비로소 실현 가능한 기술이다.

1986년 미국의 나노 기술 전문가인 에릭 드렉슬러가 펴낸『창조의 엔진』은 인체 냉동 보존술의 미래가 나노 기술에 달려 있다고 주장했다. 드렉슬러는 '생명활동 정지'를 의미하는 바이오스태시스biostasis 개념을 만들고, 이는 '훗날 세포 수복 기계cell repair machine에 의해 원상 복구될 수 있게끔 세포와 조직이 보존된 상태'라고 정의했다. 세포 수복 기계는 나노미터 크기의 컴퓨터, 센서, 작업도구로 구성되며 크기는 박테리아나 바이러스 정도이다. 이 나노 기계는 백혈구처럼 인체의 조직 속을 돌아다니고, 바이러스처럼 세포막을 여닫으며 세포 안팎으로 들락거리면서 세포와 조직의 손상된 부위를 수리한다.

드렉슬러는 나노 로봇이 개발되면 냉동 보존에도 크게 도움이 될 것이라고 주장했다. 요컨대 인체 냉동 보존술의 성패는 저온생물학 못지않게 나노 기술의 발전에 달려 있는 셈이다.

미래학자들은 2030년경에 세포 수복 기능을 가진 나노 로봇이 출현할 것으로 전망한다. 그렇다면 늦어도 2040년까지는 냉동 보존에 의해 소생한 최초의 인간이 나타날 가능성이 농후하다. 하지만 나노 기술이 발전하지 못하면 21세기의 미라인 냉동 인간은 영원히 깨어나지 못한 채 차가운 얼음 속에서 길고 긴 잠을 자야 할지 모를 일이다.

1972년 에틴거는 인체 냉동 보존술로 영원불멸의 존재인 슈퍼맨(초인)이 출현하기를 소망하는 그의 꿈이 담긴 『인간에서 초인으로 Man into Superman』를 펴냈다. 이 책은 트랜스휴머니즘transhumanism의 대표적인 저서로 손꼽힌다. 과학 기술을 사용하여 인간의 정신적 및 신체적 능력을 향상시킬 수 있다는 아이디어나 신념을 통틀어 트랜스휴머니즘이라 일컫는다. 따라서 '인간 능력 증강human enhancement'이라는 전문용어와도 동의어로 사용된다.

트랜스휴먼은 포스트휴먼posthuman이 되어가는 과정에 있는 존재이다. 포스트휴먼은 '현존 인간을 근본적으로 넘어서서 현재 우리의 기준으로는 애매모호하게 인간이라 부르기 어려운 인간'이라고 풀이할 수 있다

현존 인간의 한계를 뛰어넘는 존재를 꿈꾼 대표적인 인물은 독일의 철학자인 프리드리히 니체(1844~1900)이다. 그는 『짜라투스트라는 이렇게 말했다Also sprach Zarathustra』(1883~1885)에서 초인übermensch을

상상했다. 영어로는 '넘어가는 인간overman'을 뜻하는 초인은 진화의 사다리에서 인간의 뒤를 잇는 존재이다. 니체는 "인간은 밧줄이다. 짐승과 초인 사이에 묶인 밧줄, 거대한 심연 위에 가로놓인 밧줄이다"라고 썼다.

1923년 영국의 진화생물학자인 할데인(1892~1964)이 발표한 『다이달로스 또는 과학과 미래Daedalus; or, Science and the Future』는 과학 기술로 인간의 능력이 향상되는 미래를 제시하여 사회적 반향을 불러일으키면서 베스트셀러가 되었다.

1957년 영국의 진화생물학자인 줄리언 헉슬리(1887~1975)가 펴낸 『계시 없는 종교Religion without Revelation』 개정판에 처음으로 트랜스휴머니즘이라는 단어가 등장했다.

1962년 『불멸에의 기대』와 1972년 『인간에서 초인으로』에서 에틴거는 인체 냉동 보존술과 함께 인공지능, 맞춤아기, 체외발생ectogenesis, 뇌-기계 인터페이스BMI 등 인간 능력 증강 기술을 언급하면서 트랜스휴머니즘의 가능성을 논의했다.

트랜스휴머니즘을 최초로 이론적으로 체계화한 인물은 영국의 철학자이자 미래학자인 맥스 모어이다. 1988년 〈엑스트로피 매거진Extropy Magazine〉을 창간하고, 1990년 발표한 엑스트로피 원칙Principles of Extropy에서 트랜스휴머니즘은 '인간을 포스트휴먼 상태로 이끄는 방법을 모색하는 철학의 일종'이라고 정의했다. 모어는 트랜스휴머니즘이 휴머니즘의 많은 요소, 이를테면 이성과 과학에 대한 존중이나 진보에 대한 믿음을 공유한다고 설명했다.

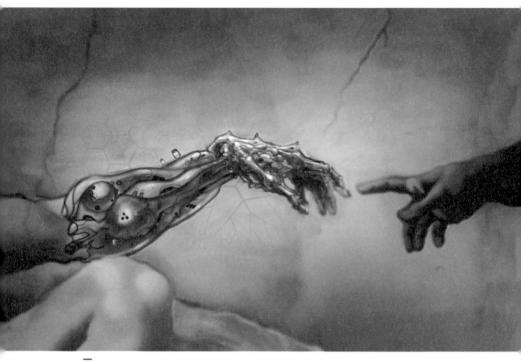

과학 기술을 사용하여 인간의 정신적 · 신체적 능력을
향상시킨 트랜스휴먼. 트랜스휴머니즘은 세상에서
가장 위험한 아이디어일까 아니면 현생인류를 뛰어넘는
새로운 인류의 탄생이 될까.

1998년 스웨덴 태생의 영국 철학자인 닉 보스트롬은 세계 트랜스휴머니스트 협회WTA를 창설하고, 2002년 〈트랜스휴머니스트 선언The Transhumanist Declaration〉을 채택했다. 2009년 3월 개정된 내용에 따르면 8개 항목으로 구성된 이 선언에서 보스트롬은 인간의 미래가 과학 기술에 의해 막대한 영향을 받게 될 것이며, 인류가 노화와 인지 결손을 극복할 뿐만 아니라 행성 지구 밖의 우주로 활동 영역을 확장할 가능성이 크다고 천명했다. 특히 마지막 8항에서 인류는 기억 및 집중력 지원 기술, 생명 연장 요법, 생식 기술, 인체 냉동 보존술 등 다양한 인간 능력 증강 기술을 활용하여 트랜스휴먼이 될 것이라고 명시했다.

그러나 트랜스휴머니즘에 거부감을 나타내는 사람들도 적지 않다. 인간의 능력을 확장하거나 생물학적 본성을 변형하는 데 과학 기술을 사용하는 것을 반대하는 입장을 일러 생명보수주의bioconservatism라고 한다. 대표적인 생명보수주의 이론가는 미국의 정치사상가인 프랜시스 후쿠야마이다. 2002년 펴낸 『우리의 포스트휴먼 미래Our Posthuman Future』에서 후쿠야마는 사람의 마음, 기억, 정신세계, 영혼을 함부로 조작하면 인류는 결국 파국을 맞게 될 것이라고 경고했다.

2004년 미국의 외교 전문 격월간지인 〈포린 폴리시Foreign Policy〉 9·10월호에는 세계적인 사상가 8명에게 인류의 안녕에 가장 위협이 되는 아이디어를 한 개씩 적시해줄 것을 요청한 결과가 실렸는데, 후쿠야마는 트랜스휴머니즘을 '세상에서 가장 위험한 아이디어'로 꼽았다. 그는 "트랜스휴머니즘의 첫 번째 희생이 되는 것은 평등이다"라고 주장하면서 미국 독립선언문에는 "모든 인간은 평등하게 창조되었다"라고 적혀 있다고 상기시켰다. 이어서 "우리가 좀 더 우수한 존재로 자신을 변형시키기 시작한다면, 능력이 증강된 존재는 어떤 권리를 주장할 것인가"라고 물으면서 과학 기술로 능력이 향상된 트랜스휴먼과 그렇지 못한 보통 인간 사이에 권리의 불평등 현상이 심화될 것이므로 트랜스휴머니즘은 가장 위험한 아이디어라고 주장한 것이다. 이를테면 후쿠야마는 과학 기술의 윤리적 측면을 성찰할 필요성을 강조한 셈이다.

2005년 보스트롬은 계간 〈진화 및 기술 저널Journal of Evolution and Technology〉 1호(4월)에 트랜스휴머니즘의 역사를 정리한 글을 발표하면서, 후쿠야마의 주장처럼 과학 기술의 윤리적 쟁점을 반드시 따져보지 않으면 안 된다고 언급했다. 2009년 3월 보스트롬이 트랜스휴머니즘의 윤리적 측면을 분석한 학자들의 논문 18편을 묶어 『인간 능력 증강Human Enhancement』을 펴낸 것도 그 때문일 것이다.

우리나라에서는 중견 철학자들이 포스트휴먼연구회를 만들어 미래의 인류, 곧 호모 퓨처리스Homo futuris에 대한 연구를 하고 있는 것으로 알려졌다.

ㄱ

게리 에번스Gary Evans 50

군터 파울리Gunter Pauli 180, 195

글렌 게어Glenn Geher 115

김열규 28

김지하 124~125

김현 38

ㄴ

너선 드월Nathan DeWall 24

노먼 게슈빈트Norman Geschwind 146

노먼 레빗Norman Levitt 120

노엄 촘스키Noam Chomsky 94

니컬러스 네그로폰테Nicholas Negroponte 101

니컬러스 크리스태키스Nicholas Christakis 59~61

닉 보스트롬Nick Bostrom 268, 277

닐스 비르바우머Niels Birbaumer 155, 158

닐 암스트롱Neil Armstrong 233

ㄷ

다르멘드라 모다Dharmendra Modha 165, 167

대니얼 네틀Daniel Nettle 52

던컨 와츠Duncan Watts 56

데이비드 마이어스David Myers 73

데이비드 아모디오David Amodio 141

데이비드 흄David Hume 131

드루 웨스턴Drew Westen 141

딘 키스 사이먼튼Dean Keith Simonton 19, 31

ㄹ

랜디 루이스Randy Lewis 207

레이먼드 마Raymond Mar 39

레이 커즈와일Raymond Kurzweil 261, 265~267

로널드 레이건Ronald Reagan 34

로널드 리기오Ronald Riggio 30

로드니 브룩스Rodney Brooks 189

로런스 콜버그Lawrence Kohlberg 131

로버트 액설로드Robert Axelrod 66

로버트 에틴거Robert Ettinger 272

로버트 트리버스Robert Trivers 65

로베르 클라르크Robert Clarke 18

로빈 던바Robin Dunbar 38

르네 데카르트René Descartes 269

리드 몬태규Read Montague 42

리처드 데이비드슨Richard Davidson 151

리처드 스몰리Richard Smalley 259~260

리처드 윌킨슨Richard Wilkinson 49

리처드 이스털린Richard Easterlin 72~74

리처드 케이브즈Richard Caves 221, 224

리처드 파인만Richard Feynman 15

리처드 플로리다Richard Florida 222~224

ㅁ

마르코 도리고Marco Dorigo 189

마리오 보리가드Mario Beauregard 151~153

마사 파라Martha Farah 50

마오쩌둥毛澤東 144

마이클 더투조스Michael Dertouzos 100~102

마이클 마모트Michael Marmot 49

마이클 샌델Michael Sandel 129, 136

마이클 위더맨Michael Wiederman 27

마이클 크라이튼Michael Crichton 261

마이클 퍼싱어Michael Persinger 147

마크 저커버그Mark Zuckerberg 218

마크 존슨Mark Johnson 94~95

마틴 가드너Martin Gardner 121

마틴 노왁Martin Nowak 70

마하트마 간디Mahatma Gandhi 104

막스 베버Max Weber 29

말콤 글래드웰Malcom Gladwell 59

매트 리들리Matt Ridley 67

맥스 모어Max More 275

모리스 메를로퐁티Maurice Merleau-Ponty 96

미겔 니코렐리스Miguel Nicolelis 156, 158~159

미셸 샘버그Michelle Schamberg 51

미치오 카쿠Michio Kaku 168

믹 피어스Mick Pearce 186

ㅂ

바울Paul the Apostle 147~148

박근혜 220, 234

버락 오바마Barack Obama 29, 56, 138, 144, 159, 239, 253

벤저민 블룸Benjamin Bloom 16

벤저민 프랭클린Benjamin Franklin 272

보비 로Bobbi Low 52

볼프강 아마데우스 모차르트Wolfgang Amadeus Mozart 14, 16~20

빌 게이츠Bill Gates 17, 218

빌라야누르 라마찬드란Vilayanur Rama-chandran 149

빌 조이Bill Joy 261

빌 클린턴Bill Clinton 116

빌헬름 바르트로트Wilhelm Barthlott 203

ㅅ

셀던 솔로몬Sheldon Solomon 23

세르게이 브린Sergey Brin 218

세바스찬 승(승현준)Sebastian Seung 168~169,

268

소스타인 베블런Thorstein Veblen 112

손저 류보머스키Sonja Lyubomirsky 73

스탠리 밀그램Stanley Milgram 55~56

스티브 잡스Steve Jobs 30, 89~91, 218

스티븐 레이허Stephen Reicher 31~35

스티븐 핑커Steven Pinker 37~38

ㅇ

아나톨 라포포트Anatol Rapoport 66

아돌프 히틀러Adolf Hitler 231

아모츠 자하비Amotz Zahavi 112~113

아빌라의 테레사Teresa of Avila 147

아서 클라크Arthur Clarke 263

아웅산 수치Aung San Suu Kyi 29

안철수 71

안톤 체호프Anton Chekhov 40

알렉산더 그레이엄 벨Alexander Graham Bell 229

알렉산더 해슬람Alexander Haslam 31~35

알버트 아인슈타인Albert Einstein 13, 19~20

앤더스 에릭슨Anders Ericsson 14, 18~19

앤드루 뉴버그Andrew Newberg 149~151

앤드루 슈워츠Andrew Schwartz 157

앤드루 파커Andrew Parker 195

앨런 소칼Alan Sokal 121~123

앨런 튜링Alan Turing 267

어니스트 베커Ernest Becker 22

에드 디너Ed Diener 74~79

에드워드 윌슨Edward Wilson 124~125

에른스트 슈마허Ernst Schumacher 104

에릭 드렉슬러K. Eric Drexler 258~262, 273

에이브러험 매슬로Abraham Maslow 212

오스카 루이스Oscar Lewis 50

용수龍樹 96

워런 버핏Warren Buffett 71

원효元曉 124~125

윌리엄 쇼클리William Shockley 15, 229

윌리엄 해밀턴William Hamilton 65

윌리엄 휠러William Wheeler 185

유리 가가린Yuri Gagarin 232

유리 해슨Uri Hasson 42~43

율리우스 카이사르Julius Caesar 147, 191

이마누엘 칸트Immanuel Kant 130~131, 136

ㅈ

자크 데리다Jacques Derrida 120~122

잔 다르크Joan of Arc 147

장 로스탕Jean Rostand 272

재닌 베니어스Janine Benyus 179~180

제러미 벤담Jeremy Bentham 130

제임스 파울러James Fowler 59~61, 140

제프 그린버그Jeff Greenberg 22

제프 리츠트먼Jeff Lichtman 169

제프리 밀러Geoffrey Miller 113~115

제프리 잭스Jeffrey Zacks 41

조너선 하이트Jonathan Haidt 131~136

조디 큐오이드바흐Jordi Quoidbach 73

조슈아 그린Joshua Greene 134~136

조지 레이코프George Lakoff 94~95, 141, 143~144

조지 마틴George Martin 263

조지 W. 부시George W. Bush 32, 141

존 거트너Jon Gertner 229

존 도너휴John Donoghue 156

존 록펠러John Rockefeller 113

존 앨퍼드John Alford 139~140

존 조스트John Jost 138~139

존 채핀John Chapin 156

존 F. 케네디John F. Kennedy 232~233

존 터너John Turner 32

존 폰 노이만John von Neumann 255~258

존 호킨스John Howkins 211~212, 216, 220, 224

종첸보Chen-Bo Zhong 98

줄리어스 로버트 오펜하이머Julius Robert Oppenheimer 231~232

줄리언 빈센트Julian Vincent 202

줄리언 헉슬리Julian Huxley 275

ㅊ

찰리 파튼Charlie Paton 196~198

찰스 다윈Charles Darwin 14, 18, 109~110

찰스 랜드리Charles Landry 225

ㅋ

카를 마르크스Karl Marx 49

캐서린 콕스Catherine Cox 14

캐시 콕스Cathy Cox 24

캐티 릴렌퀴스트Katie Liljenquist 98

케네스 베일Kenneth Vail 25

케빈 워릭Kevin Warwick 161

케이트 피케트Kate Pickett 49

크리스토퍼 랭턴Christopher Langton 257~258

클로드 새넌Claude Shannon 229

키스 오틀리Keith Oatley 38~41

ㅌ

토머스 쿤Thomas Kuhn 118~119

토머스 홉스Tomas Hobbes 63

톰 피스츠진스키Tom Pyszczynski 22

ㅍ

폴 그로스Paul Gross 120

폴 자크Paul Zak 41

폴 파이어아벤트Paul Feyerabend 118~120

표트르 크로포트킨Peter Kropotkin 63~64

프란시스코 바렐라Francisco Varela 95

프랜시스 골턴Francis Galton 15~16

프랜시스 후쿠야마Francis Fukuyama 277~278

프랭클린 루스벨트Franklin Roosevelt 31, 35,

231~233

프리드리히 니체Friedrich Nietzsche 21, 274

프리먼 다이슨Freeman Dyson 161

피터 밀러Peter Miller 186

피터 싱어Peter Singer 251~253

필립 케네디Philip Kennedy 155, 158

ㅎ

한스 모라벡Hans Moravec 264~265

할데인J.B.S. Haldane 275

허버트 스펜서Herbert Spencer 109

헨리 마크램Henry Markram 165~166

힐러리 퍼트넘Hilary Putnam 269

ㄱ

〈개를 데리고 있는 여인〉(안톤 체호프) 40

『경계를 넘어서』(미겔 니코렐리스) 160

〈계산하는 기계와 지능〉(앨런 튜링) 267

『계시 없는 종교』(줄리언 헉슬리) 275

『고등 미신』(폴 그로스, 노먼 레빗) 120

『과학혁명의 구조』(토머스 쿤) 119

『급진적 풍요』(에릭 드렉슬러) 261

ㄴ

『나는 사이보그이다』(케빈 워릭) 161

〈뇌 전체 기능의 소프트웨어 모형 만들기〉(닉 보스트롬) 268

ㄷ

『다이달로스 또는 과학과 미래』(할데인) 275

『대승기신론소』(원효) 125

『대통령은 왜 성공하는가』(딘 키스 사이먼튼) 31

『도덕, 정치를 말하다』(조지 레이코프) 95, 143

『도시 건설의 예술』(찰스 랜드리) 225

『도시와 별들』(아서 클라크) 263

『도시와 창조계급』(리처드 플로리다) 222

『두뇌 속의 유령』(빌라야누르 라마찬드란) 149

『따뜻한 기술』(이인식 기획) 108

ㄹ

『로봇과 전쟁』(피터 싱어) 252~253

『리더십의 새로운 심리학』(스티븐 레이허, 알렉산더 해슬람) 31

『리바이어던』(토머스 홉스) 63

ㅁ

『마음속의 몸』(마크 존슨) 94~95

『마음의 아이들』(한스 모라벡) 264

『맥베스』(윌리엄 셰익스피어) 98

『먹이』(마이클 크라이튼) 261

『몸의 인지과학』(프란시스코 바렐라) 95, 98

『몸의 철학』(마크 존슨, 조지 레이코프) 94

『무한한 미래』(에릭 드렉슬러) 259

『문학이란 무엇인가』(김현) 38

『미덕의 기원』(매트 리들리) 67

『미래의 물리학』(미치오 카쿠) 168

『미완의 혁명』(마이클 더투조스) 101

ㅂ

『방법에의 도전』(폴 파이어아벤트) 119

『불멸에의 기대』(로버트 에틴거) 272, 275

ㅅ

『상상의 세계』(프리먼 다이슨) 161

『상호부조론』(표트르 크로포트킨) 63~64

『생물모방』(재닌 베니어스) 179

『소비』(제프리 밀러) 113

『순수이성비판』(이마누엘 칸트) 131

『슈퍼 협력자』(마틴 노왁) 70

『신은 왜 우리 곁을 떠나지 않는가』(앤드루 뉴버그) 150

ㅇ

『아이디어 공장』(존 거트너) 229~230

『연결되다』(니컬러스 크리스태키스, 제임스 파울러) 61~62

『영리한 무리』(피터 밀러) 186

『영적인 뇌』(마리오 보리가드) 152

『오이디푸스 왕』(소포클레스) 18

〈왜 우리는 미래에 필요 없는 존재가 될 것인가〉(빌 조이) 261

『우리가 믿는 것을 우리가 믿는 까닭』(앤드루 뉴버그) 151

『우리의 포스트휴먼 미래』(프랜시스 후쿠야마) 277

『유전하는 천재』(프랜시스 골턴) 15

『유한계급이론』(소스타인 베블런) 112

『이성, 진실, 역사』(힐러리 퍼트넘) 269

〈2008년 창조경제 보고서〉(UNCTAD) 224

〈2010년 창조경제 보고서〉(UNCTAD) 214~215, 224

〈2025년 세계적 추세〉(NIC) 159, 253

〈2030년 세계적 추세〉(NIC) 234, 239

『인간 능력 증강』(닉 보스트롬) 278

『인간 본성론』(데이비드 흄) 131

『인간에서 초인으로』(로버트 에틴거) 274~275

ㅈ

『자본론』(카를 마르크스) 49

『자연은 위대한 스승이다』(이인식) 176, 181

『작은 것이 아름답다』(에른스트 슈마허) 104

『전문지식과 전문가 수행에 관한 케임브리지 편람』(앤더스 에릭슨) 15, 19

〈젊어서 죽고 빨리 산다〉(대니얼 네틀) 52

〈정서적 개와 이성적 꼬리〉(조너선 하이트) 131

『정신의 수준』(리처드 윌킨슨, 케이트 피케트) 49

『정의란 무엇인가』(마이클 샌델) 129, 136

『정치적 뇌』(드루 웨스턴) 142

『정치적 마음』(조지 레이코프) 144

『제1철학에 관한 성찰』(르네 데카르트) 269

『죽음의 부인』(어니스트 베커) 22

〈죽음이 삶에 유익할 때〉(케네스 베일) 25

『지각의 현상학』(모리스 메를로퐁티) 96

『지적 사기』(앨런 소칼) 121

『짜라투스트라는 이렇게 말했다』(프리드리히 니체) 274

『짝짓기 지능』(제프리 밀러, 글렌 게어) 115

『짝짓기 지능 해방되다』(글렌 게어) 116

『짝짓기 하는 마음』(제프리 밀러) 113

ㅊ

『창조경제』(존 호킨스) 211~212, 220

『창조계급의 부상』(리처드 플로리다) 222

『창조계급의 비상』(리처드 플로리다) 223

『창조도시』(찰스 랜드리) 225

『창조산업』(리처드 케이브즈) 221

『창조생태학』(존 호킨스) 216

『창조의 엔진』(에릭 드렉슬러) 258, 273

『천일야화』 44

『천재들의 뇌』(로베르 클라르크) 18

『청색경제』(군터 파울리) 180, 196

『촛불, 횃불, 숯불』(김지하) 125

ㅋ

『코끼리는 생각하지마』(조지 레이코프) 95, 144

『커넥톰』(세바스찬 승) 169, 268

ㅌ

『통섭』(에드워드 윌슨) 124

〈트랜스휴머니스트 선언〉(닉 보스트롬) 277

『특이점이 온다』(레이 커즈와일) 261, 267

『티핑 포인트』(말콤 글래드웰) 59

ㅍ

『파우스트』(요한 볼프강 폰 괴테) 18

ㅎ

〈한국에서의 불행〉(에드 디너) 76

『협력의 진화』(로버트 액설로드) 67

ㄱ

개념적 은유 95

거미 실크 205~207

경쟁적 이타주의 114

계산신경과학 86, 88

골상학 162

공리주의 130

공포관리이론(TMT) 23~24, 27

과시적 소비 112~114

과학전쟁 118, 120~122

광유전학 163

구조색 204

군사용 로봇 159, 242, 252

그레이 구 261

긍정심리학 74

기술 융합 83, 87~88, 91

기업가정신 218

ㄴ

나노 기술 87~89, 176~177, 205, 258~259, 261, 273~274

나노 로봇 189, 259, 261, 266, 274

나미브사막풍뎅이 193~196

냉동 인간 274

노골적 자선 114

뇌-기계 인터페이스(BMI) 86, 154~159, 245, 275

뇌-기계-뇌 인터페이스(BMBI) 160

뇌-뇌 인터페이스(BBI) 160~161

ㄷ

다시 걷기 프로젝트 158

대단한 도전(다르파) 248~249

대통령 프로젝트 233~234

도덕적 딜레마 129~131

도덕적 말문 막힘 133

드론 248

디지털 뇌 165~167

디지털 불멸 264, 268

따뜻한 기술 102~103, 107~108

떼로봇공학 188~189

떼지능 185~190

ㄹ

라이프스트로(생명의 빨대) 106

리더십 29~35

ㅁ

마음 업로딩 263~268

마음이론 39, 41

만물의 인터넷(IoT) 88

맥베스 효과 98

맨해튼 계획 231~233

메멘토 모리 28

모르포 나비 204~205

무선텔레파시 161

무인 자동차 250

무인 지상 차량(UGV) 242, 247~248, 251~253

무인 항공기(UAV) 242~243, 247~248

문화적 상대주의 120, 123

ㅂ

바이슬아바도라(자전거 세탁기) 104~105

배외측전전두피질(DLPFC) 135, 142

범주 오류 124

복내측전전두피질(VMPFC) 136, 142

본성 대 양육 15~16

분자제조 259

블루 브레인 프로젝트 165

빅 데이터 240~241

빈곤의 문화 50

ㅅ

사하라 녹화 계획 193, 197~198

사회신경과학 85~86

사회적 감염 59

사회적 시뮬레이션 이론 39

사회적 자본 76~78

사회적 정체성 31~32

사회적 직관주의 131, 134, 136

사회적 평판 70, 114

산업 융합 83, 89, 91

3단계 영향 규칙 61

3차원 프린터 243

살인 로봇 253~254

상호 이타주의 65, 67~68

생명보수주의 277

생물모방 176~177, 181, 202

생물영감 177, 180~181

성적 선택 110, 113~115

세포 수복 기계 273

세포 자동자 257

소셜 네트워킹 기술 240~241

소외된 90%를 위한 디자인 106

솔방울 효과 201~202

슈퍼 인간 246

스마트 도시 88, 234, 240~241

스마트 자동차 242

스토리텔링 37, 44

시냅스 프로젝트 167

시워터 그린하우스(해수온실) 196~199

신경경제학 86

신경공학 86, 89, 176

신경신학 85, 86, 146, 152~153

신경영화예술 43

신경윤리학 85~86

신비체험 146, 149~152

신체화된 인지 92~93, 98~99

신 헬멧 149

심리적 면역반응 25

쌍둥이 연구 140

ㅇ

아바타 154, 160

아폴로 계획 231~233

어셈블러 258~261

엑스트로피 원칙 275

여섯 단계의 분리 56, 58

역과학전쟁 124~125

연잎 효과 179, 202~204

열대우림 191~192

오엘피시(OLPC) 101

옥시토신 42

욕구 단계 이론 212

우는 아기 딜레마 130

우생학 16

원자 정밀 제조(APM) 261

월스트리트를 점령하라 47

융합 기술(CT) 87, 89, 234

이스털린 역설 72~74

이스트게이트센터 186

이야기 도취 41

인간 뇌 프로젝트(HBP) 166

인간 능력 향상 245~246

인간 커넥톰 프로젝트(HCP) 168

인공생명 84, 176, 257~258

인지과학 85, 87, 93~96

인지언어학 85, 94~95, 143

인체 냉동 보존술 271, 273~277

ㅈ

자기증식 기계 255~258

자연중심 기술 90, 176, 179~181

작은 세계 현상 55~58

장애(핸디캡) 이론 112~113

저온생물학 272~274

적정 기술 103~107

전두대상피질(ACC) 141

전투자동화 247

절대적 일체 상태(우니오 미스티카) 150

정치 성향 139, 141~142

죄수의 딜레마(PD) 65~67

주관적 안녕(SWB) 74, 76~78

죽음 현저성 23

중관론(중론) 96

지식 융합 83, 91, 218

지식재산(IP) 211~212, 214, 217~218, 220, 222, 224, 235

진화심리학 42

집광형 태양열 발전(CSP) 192, 197~198

집단지능 89, 176, 190

짝짓기 지능 115~116

ㅊ

착한 디자인 106~107

창발 185, 189

창조경제 211~218, 220~221, 223~225, 227, 234

창조계급 222~223, 225, 227

창조도시 225~227

창조산업 214, 221, 223, 225~227

첨가제조(3차원 인쇄) 242~243

청색경제 180

청색기술 89, 181, 234~235

체외발생 275

초유기체 185

최종제안 게임 68

측두엽 간질 146~149, 152

ㅋ

카리스마 29~31, 33~36

칸막이방 전사 253

커넥토믹스 168~169, 268

커넥톰 168~169, 268

컨실리언스(통섭) 124

케빈 베이컨 게임 58

ㅌ

통 속의 뇌 268~270

튜링 테스트 267

트랜스휴머니즘 274~278

틧포탯 66~67

ㅍ

패러다임 91, 119, 225

포스트모더니즘 118, 120, 121, 123

포스트휴먼 274~275

프레임 143~144

ㅎ

행동 감염 58~59

행복경제학 72

현상파괴적 기술 234

혈연선택 64~65, 68

호모 크리에이터 211

호모 퓨처리스 278

회의론 268~270

확증편향 141~142

지은이의 주요 저술 활동

잡지 칼럼 연재

〈월간조선〉 이인식 과학 칼럼(92. 4~93. 12) : 20회

〈과학동아〉 이인식 칼럼(94. 1~94. 12) : 12회

〈지성과 패기〉 이인식 과학글방(95. 3~97. 12) : 17회

〈과학동아〉 이인식 칼럼 – 성의 과학(96. 9~98. 8) : 24회

〈한겨레 21〉 과학칼럼(97. 12~98. 11) : 12회

〈말〉 이인식 과학칼럼(98. 1~98. 4) : 4회(연재 중단)

〈과학동아〉 이인식의 초심리학 특강(99. 1~99. 6) : 6회

〈주간동아〉 이인식의 21세기 키워드(99. 2~99. 12) : 42회

〈시사저널〉 이인식의 시사과학(06. 4~07. 1) : 20회(연재 중단)

〈월간조선〉 이인식의 지식융합파일(09. 9~10. 2) : 5회

〈PEN〉(일본 산업기술종합연구소) 나노기술 칼럼(11. 7~11. 12) : 6회

신문 칼럼 연재

〈동아일보〉 이인식의 과학생각(99. 10~01. 12) : 58회(격주)

〈한겨레〉 이인식의 과학나라(01. 5~04. 4) : 151회(매주)

〈조선닷컴〉 이인식 과학칼럼(04. 2~04. 12) : 21회(격주)

〈광주일보〉 테마칼럼(04. 11~05. 5) : 7회(월 1회)

〈부산일보〉 과학칼럼(05. 7~07. 6) : 26회(월 1회)

〈조선일보〉 아침논단(06. 5~06. 10) : 5회(월 1회)

〈조선일보〉 이인식의 멋진 과학(07. 3~11. 4) : 199회(매주)

〈조선일보〉 스포츠 사이언스(10. 7~11. 1) : 7회(월 1회)

〈중앙SUNDAY〉 이인식의 '과학은 살아 있다' (12. 7~13. 11) : 28회(격주)

저서

1987

『하이테크 혁명』, 김영사

1992

『사람과 컴퓨터』, 까치글방

KBS TV '이 한 권의 책' 테마북 선정 · 문화부 추천도서 · 덕성여대 '교양독서 세미나'

(1994~2000) 선정 도서

저서	

1995

『미래는 어떻게 존재하는가』, 민음사

1998

『성이란 무엇인가』, 민음사

1999

『제2의 창세기』, 김영사

문화관광부 추천도서 · 간행물윤리위원회 선정 '이달의 읽을 만한 책' · 한국출판인회의 선정도서 · 산업정책연구원 경영자독서모임 선정도서

2000

『21세기 키워드』, 김영사

중앙일보 선정 좋은 책 100선 · 간행물윤리위원회 선정 '청소년 권장도서'

『과학이 세계관을 바꾼다』(공저), 푸른나무

문화관광부 추천도서 · 간행물윤리위원회 선정 '청소년 권장도서'

2001

『아주 특별한 과학 에세이』, 푸른나무

EBS TV '책으로 읽는 세상' 테마북 선정

『신비동물원』, 김영사

『현대과학의 쟁점』(공저), 김영사

간행물윤리위원회 선정 '청소년 권장도서'

2002

『신화상상동물 백과사전』, 생각의 나무

『이인식의 성과학 탐사』, 생각의 나무

책으로 따뜻한 세상 만드는 교사들(책따세) 추천도서

『이인식의 과학생각』, 생각의 나무

『나노기술이 미래를 바꾼다』(편저), 김영사

문화관광부 선정 우수학술도서 · 간행물윤리위원회 선정 '이달의 읽을 만한 책'

『새로운 천 년의 과학』(편저), 해나무

2004

『미래과학의 세계로 떠나보자』, 두산동아

한우리 독서문화운동본부 선정도서 · 간행물윤리위원회 선정 '청소년 권장도서' · 산업자원부 · 한국공학한림원 지원 만화 제작(전2권)

| 저서 | 『미래신문』, 김영사 |

『미래신문』, 김영사

EBS TV '책, 내게로 오다' 테마북 선정

『이인식의 과학나라』, 김영사

『세계를 바꾼 20가지 공학기술』(공저), 생각의 나무

2005

『나는 멋진 로봇친구가 좋다』, 랜덤하우스중앙

동아일보 '독서로 논술잡기' 추천도서 · 산업자원부 · 한국공학한림원 지원 만화 제작

(전3권)

『걸리버 지식 탐험기』, 랜덤하우스중앙

책으로 따뜻한 세상 만드는 교사들(책따세) 추천도서 · 조선일보 '논술을 돕는 이 한 권의

책' 추천도서

『새로운 인문주의자는 경계를 넘어라』(공저), 고즈윈

과학동아 선정 '통합교과 논술대비를 위한 추천 과학책'

2006

『미래교양사전』, 갤리온

제47회 한국출판문화상(저술부문) 수상 · 중앙일보 선정 올해의 책 · 시사저널 선정

올해의 책 · 동아일보 선정 미래학 도서 20선 · 조선일보 '정시 논술을 돕는 책 15선' 선

정도서 · 조선일보 '논술을 돕는 이 한 권의 책' 추천도서

『걸리버 과학 탐험기』, 랜덤하우스 중앙

2007

『유토피아 이야기』, 갤리온

2008

『이인식의 세계신화여행』(전2권), 갤리온

『짝짓기의 심리학』, 고즈윈

EBS 라디오 '작가와의 만남' 도서 · 교보문고 '북세미나' 선정도서

『지식의 대융합』, 고즈윈

KBS 1TV '일류로 가는 길' 강연도서 · 문화체육관광부 우수교양도서 · KAIST 인문사회

과학부 '지식융합' 과목 교재 · KAIST 영재기업인 교육원 '지식융합' 과목 교재 · 한국

폴리텍대학 융합교육 교재 · 책으로 따뜻한 세상 만드는 교사들(책따세) 월례 기부강좌

도서 · KTV 파워특강 테마북 · 한국콘텐츠진흥원 콘텐츠아카데미 교재 · EBS 라디오

'대한민국 성공시대' 테마북 · 2010 명동연극교실 강연도서

저서	

2009

『미래과학의 세계로 떠나보자』(개정판), 고즈윈

『나는 멋진 로봇친구가 좋다』(개정판), 고즈윈

책으로 따뜻한 세상 만드는 교사들(책따세) 추천도서

『한 권으로 읽는 나노기술의 모든 것』, 고즈윈

고등국어교과서(금성출판사) 나노기술 칼럼 수록 · 대한출판문화협회 선정 청소년

도서 · 책으로 따뜻한 세상 만드는 교사들(책따세) 추천도서

2010

『기술의 대융합』(기획), 고즈윈

문화체육관광부 우수교양도서 · 한국공학한림원 공동발간도서 · KAIST 인문사회과학부

'지식융합' 과목 교재 · KAIST 영재기업인 교육원 '지식융합' 과목 교재

『신화상상동물 백과사전』(전2권, 개정판), 생각의 나무

『나노기술이 세상을 바꾼다』(개정판), 고즈윈

『신화와 과학이 만나다』(전2권, 개정판), 생각의 나무

2011

『걸리버 지식 탐험기』(개정판), 고즈윈

『이인식의 멋진 과학』(전2권), 고즈윈

책으로 따뜻한 세상 만드는 교사들(책따세) 추천도서

『신화 속의 과학』, 고즈윈

『한국교육 미래 비전』(공저), 학지사

2012

『인문학자, 과학기술을 탐하다』(기획), 고즈윈

한국경제 TV '스타북스' 테마북

『청년 인생 공부』(공저), 열림원

『자연은 위대한 스승이다』, 김영사

책으로 따뜻한 세상 만드는 교사들(책따세) 추천도서 · 한국간행물윤리위원회 '청소년

권장 도서' 선정 · KAIST 영재기업인교육원 '청색기술' 과정 교재 · 현대경제연구원

'유소사이어티' 콘텐츠 강연 탑재(총10회) · 한국공학한림원 공동발간 도서

『따뜻한 기술』(기획), 고즈윈

한국공학한림원 공동발간 도서

저서	**2013** 『자연에서 배우는 청색기술』(기획), 김영사 한국공학한림원 공동발간 도서 · 문화체육관광부 우수교양도서

원작 만화	**『만화 21세기 키워드』(전3권), 홍승우 만화, 애니북스(2003~2005)** 부천만화상 어린이만화상 수상 · 한국출판인회의 선정 '청소년 교양도서' · 책키북키 선정 추천도서 200선 · 동아일보 '독서로 논술잡기' 추천도서 · 아시아태평양이론 물리센터 '과학, 책으로 말하다' 테마북 **『미래과학의 세계로 떠나보자』(전2권), 이정욱 만화, 애니북스(2005~2006)** 한국공학한림원 공동발간 도서 · 과학기술부 인증 우수과학 도서 **『와! 로봇이다』(전3권), 김제현 만화, 애니북스(2007~2008)** 한국공학한림원 공동발간도서